基于可持续生计框架的
大小兴安岭林区产业发展研究

朱洪革 等 著

科学出版社
北 京

内容简介

在《大小兴安岭林区生态保护与经济转型规划（2021—2035年）》提出的背景下，探索生态接续产业发展之路是大小兴安岭林区协同推进生态保护与经济社会发展的题中之义。本书研究大小兴安岭林区林下经济产业发展的基本情况并提出产业升级路径，从生计资本和生计策略方面分析了职工家庭的可持续生计状况，并提出职工家庭生计改善的政策建议；分析了职工家庭发展林下经济的金融需求和林下经营效率；调查分析了职工家庭发展林下经济所需社会化服务的需求和供给，并设计了相应的社会化服务体系。

本书可供从事林业经济和林区经济研究的学者、高等院校教师及研究生参考，也可为需要了解国有林区林下经济或职工生计的基层工作者提供参考。

图书在版编目 (CIP) 数据

基于可持续生计框架的大小兴安岭林区产业发展研究 / 朱洪革等著. —北京：科学出版社，2021.11
ISBN 978-7-03-070577-8

Ⅰ. ①基⋯ Ⅱ. ①朱⋯ Ⅲ. ①大兴安岭－林业经济－产业发展－研究 ②小兴安岭－林业经济－产业发展－研究 Ⅳ. ①F326.273.5

中国版本图书馆 CIP 数据核字（2021）第 224873 号

责任编辑：孟莹莹　程雷星 / 责任校对：樊雅琼
责任印制：吴兆东 / 封面设计：无极书装

科学出版社 出版
北京东黄城根北街 16 号
邮政编码：100717
http://www.sciencep.com

北京中科印刷有限公司　印刷
科学出版社发行　各地新华书店经销

*

2021 年 11 月第 一 版　开本：720 × 1000　1/16
2022 年 1 月第二次印刷　印张：10 1/2
字数：212 000

定价：99.00 元
（如有印装质量问题，我社负责调换）

前　言

大小兴安岭林区是我国面积最大、纬度最高、国有林最集中、生态地位最重要的森林生态功能区和木材资源战略储备基地。2010年以来，大小兴安岭林区生态环境明显改善，经济社会发展取得显著成效。《大小兴安岭林区生态保护与经济转型规划（2021—2035年）》中提出大小兴安岭林区仍然面临生态系统质量功能不强、生态接续产业发展缓慢等问题。以生态资源保护为基础，摸索持续产业发展路径是大小兴安岭林区的根本出路。因此，发展林下经济无疑是该林区在调减木材产量的情况下实现经济转型的极重要的产业寄托之一。本书以可持续生计理论为指导，采用规范分析与实证分析相结合、定性与定量相结合、统计数据与调查数据相结合的分析方法，力求揭示事物发展的规律性，强调其应用性，注重方法的可操作性。本书研究大小兴安岭林区职工家庭的生计以及发展林下经济的情况，在林区建设社会化服务体系以服务于职工家庭发展林下经济，提出支持林区发展林下经济的政策体系，为改善大小兴安岭林区职工家庭的生计状况提供参考依据。

全书共8章。第1章在总结研究背景的基础上，梳理了我国特别是大小兴安岭林区近年来关于林下经济的重要政策，明确了研究目的及方法，阐述了研究的地域范围及数据来源，并描述性分析了职工家庭样本的基本情况。第2章梳理并回顾了国内外关于生计、林下经济和社会化服务体系等问题的研究现状。第3章界定了研究中的重要概念，如林下经济、林下经济产业、职工家庭、社会化服务体系，阐述了可持续生计理论和可持续生计框架。第4章以黑龙江省为例研究林下经济产业发展及产业升级，认为目前黑龙江省森工林区林下经济产业仍然处于比较初级的状态，提出了林下经济产业的升级路径，并构建了林下经济产业升级路径图；根据林下经济产业发展中存在的问题，从政府、金融机构以及科研机构角度对林下经济产业发展提出保障措施，以推动林下经济产业顺利升级。第5章在对大兴安岭林区进行职工家庭调研的基础上，利用英国国际发展署（Department for International Development，DFID）提出的分析框架，对大兴安岭林区职工家庭可持续生计状况进行了统计分析。第6章阐述了职工家庭发展林下经济的基本情况及金融需求，分析了职工家庭林下经营效率及其影响因素。第7章利用实地调查数据，分析了目前国有林区社会化服务体系建设现状，职工家庭对各项社会化服务的需求意愿、在从事林下经济生产活动中面临的问题及对所获社会化服务的满意情况,通过建立 Logistic 模型分析了影响职工家庭对已获社会化服务满意度的因素;结合国有林区的实际情况,构建出以职工家庭需求为导向,适合国有林区实情的社会化服务体系,并提出了相应的对策建议。第 8 章总结了本书的主要结论及政策建议。

  本书由朱洪革、姚瑶、白雪、许雯静、胡士磊、李海玲等撰写,分工如下:朱洪革参与了第 1 章、第 3 章、第 6 章、第 8 章的撰写,姚瑶参与了第 2 章、第 3 章、第 5 章的撰写,白雪参与了第 2 章、第 4 章、第 6 章的撰写,许雯静参与了第 2 章、第 7 章的撰写,胡士磊参与了第 6 章的撰写,李海玲参与了第 1 章的撰写。曹博和张宇彤参与了后期的文字整理工作。全书由朱洪革统稿。

  由于作者水平有限,书中疏漏和不足之处在所难免,敬请读者批评指正。

作 者
2021 年 11 月

目 录

第1章 绪论 ··· 1
1.1 研究背景 ··· 1
1.1.1 林下经济产业规模的发展情况 ······································ 1
1.1.2 关于林下经济的重要政策 ·· 2
1.2 研究目的及方法 ·· 3
1.2.1 研究目的 ··· 3
1.2.2 研究方法 ··· 4
1.3 研究的地域范围及数据来源 ·· 4
1.3.1 研究的地域范围 ·· 4
1.3.2 研究的数据来源 ·· 4
1.3.3 职工家庭样本的基本情况 ·· 6
1.4 本章小结 ··· 7

第2章 国内外研究综述 ·· 8
2.1 关于生计的研究 ·· 8
2.1.1 国内研究综述 ··· 8
2.1.2 国外研究综述 ··· 11
2.1.3 述评 ·· 12
2.2 关于林下经济的研究 ·· 12
2.2.1 国内研究综述 ·· 12
2.2.2 国外研究综述 ·· 15
2.2.3 述评 ·· 17
2.3 关于社会化服务体系的研究 ··· 17
2.3.1 国内研究综述 ·· 17
2.3.2 国外研究综述 ·· 21
2.3.3 述评 ·· 22
2.4 本章小结 ··· 23

第3章 相关概念界定与可持续生计理论 ···································· 24
3.1 相关概念界定 ··· 24
3.1.1 林下经济 ··· 24

3.1.2 林下经济产业 ·· 25
3.1.3 职工家庭 ·· 26
3.1.4 社会化服务体系 ·· 26
3.2 可持续生计理论 ··· 27
3.2.1 可持续生计提出的背景 ·· 27
3.2.2 生计的含义 ·· 28
3.2.3 可持续生计的含义 ·· 29
3.2.4 可持续生计概念的价值 ·· 29
3.3 可持续生计框架 ··· 30
3.4 本章小结 ··· 33

第4章 林下经济产业发展及产业升级——以黑龙江省为例 ············ 34
4.1 林下经济产业发展总体状况 ··· 34
4.1.1 林下资源概况 ·· 34
4.1.2 林下经济总产值情况 ·· 35
4.1.3 主要林下经济产品产量情况 ······································ 36
4.1.4 林下经济产业集聚情况 ·· 36
4.1.5 林下经济产业加工布局及企业情况 ································ 37
4.1.6 林下经济资金投入来源情况 ······································ 39
4.1.7 林下经济扶持政策情况 ·· 39
4.2 林下经济产品加工销售企业发展林下经济的调查分析 ····················· 40
4.2.1 调查数据来源 ·· 40
4.2.2 样本企业的基本情况 ·· 41
4.2.3 调查结果分析 ·· 42
4.3 林下经济产业升级路径 ··· 46
4.3.1 林下经济产业升级路径构建的总体思路 ···························· 46
4.3.2 林下经济产业链延伸 ·· 47
4.3.3 林下经济产业链拓展 ·· 48
4.3.4 林下经济产业链整合 ·· 50
4.3.5 林下经济产业升级保障措施 ······································ 51
4.4 本章小结 ··· 53

第5章 职工家庭的可持续生计 ··· 55
5.1 职工家庭生计资本的特征及定量评估 ··································· 55
5.1.1 职工家庭生计资本的特征 ·· 55
5.1.2 职工家庭生计资本的定量评估 ···································· 64
5.2 职工家庭的生计策略及其与生计资本的相关性分析 ······················· 68

5.2.1 职工家庭的生计策略 ·· 68
　　5.2.2 职工家庭的生计策略与生计资本的相关性分析 ·············· 74
5.3 职工家庭的生计后果 ·· 76
　　5.3.1 职工家庭的贫困状况 ··· 76
　　5.3.2 职工家庭的就业状况 ··· 78
　　5.3.3 职工家庭对生态环境的影响 ······································· 80
5.4 职工家庭生计状况改善的政策建议 ····································· 81
　　5.4.1 生计资本存量的提升方式 ·· 81
　　5.4.2 职工家庭工资性收入的增加手段 ································ 83
　　5.4.3 发展林下经济的激励措施 ·· 84
　　5.4.4 改善社会服务水平的制度保障 ··································· 84
5.5 本章小结 ··· 87

第6章 职工家庭发展林下经济的状况 ···································· 88
6.1 职工家庭发展林下经济状况及其影响因素 ·························· 88
　　6.1.1 职工家庭发展林下经济的描述性分析 ························· 88
　　6.1.2 职工家庭发展林下经济的影响因素分析 ······················ 94
6.2 发展林下经济的金融需求分析 ··· 99
　　6.2.1 职工家庭发展林下经济的金融需求分析 ······················ 99
　　6.2.2 林下产品加工企业的金融需求分析 ····························· 104
6.3 林下经济的经济效益及效率的实证研究 ····························· 106
　　6.3.1 研究方法与模型 ·· 107
　　6.3.2 数据来源与指标选择 ··· 108
　　6.3.3 结果与分析 ··· 110
6.4 本章小结 ··· 112

第7章 发展林下经济的社会化服务体系 ································· 114
7.1 国有林区社会化服务体系建设现状 ····································· 114
　　7.1.1 林业专业合作组织建设现状 ······································· 114
　　7.1.2 林业科技推广组织建设现状 ······································· 115
　　7.1.3 林业信息化服务体系建设现状 ··································· 116
　　7.1.4 林业金融服务体系建设现状 ······································· 116
7.2 国有林区社会化服务需求的调查分析 ································· 117
　　7.2.1 职工家庭林下经济生产经营状况 ································ 117
　　7.2.2 职工家庭在林下经济生产经营过程中面临的问题 ········· 119
　　7.2.3 职工家庭对社会化服务的需求意愿 ····························· 122
7.3 国有林区社会化服务供给的调查分析 ································· 123

7.3.1 国有林区社会化服务供给状况 …………………………………… 123
　　7.3.2 国有林区社会化服务体系存在的问题 ……………………………… 125
7.4 职工家庭对社会化服务的满意度及影响因素分析 ……………………… 127
　　7.4.1 职工家庭对社会化服务满意度的描述性分析 ……………………… 128
　　7.4.2 职工家庭对社会化服务满意度影响因素的实证分析 ……………… 129
7.5 国有林区社会化服务体系的设计与完善 ………………………………… 134
　　7.5.1 国有林区社会化服务体系设计 ……………………………………… 134
　　7.5.2 完善社会化服务体系建设的具体策略 ……………………………… 140
7.6 本章小结 …………………………………………………………………… 144

第8章 主要结论及政策建议 …………………………………………………… 146
8.1 主要结论 …………………………………………………………………… 146
8.2 政策建议 …………………………………………………………………… 148

参考文献 ……………………………………………………………………………… 150

第 1 章 绪　　论

1.1 研 究 背 景

1.1.1 林下经济产业规模的发展情况

大小兴安岭林区是我国最重要的森林生态功能区。基于林区全面停伐、人口逐步减少、收缩型发展新阶段的特征，统筹推动林区生态保护与经济转型工作是至关重要的。因此，发展林下经济无疑是该林区在兼顾生态保护的情况下实现经济转型的重要方式之一。

近年来，我国林下经济产业发展迅速（图 1-1）。统计数据显示，2016 年全国林药种植与采集、森林食品种植与采集、陆生野生动物饲养、非木林产品加工等林下经济产业规模均比上一年有较大幅度的增长。全国林下经济产值自 2012 年的 3472.51 亿元增加至 2016 年的 7507.14 亿元，年均增长 21.26%。其中，2016 年全国林下经济产值比 2015 年增加 1486.38 亿元，增长 24.69%。

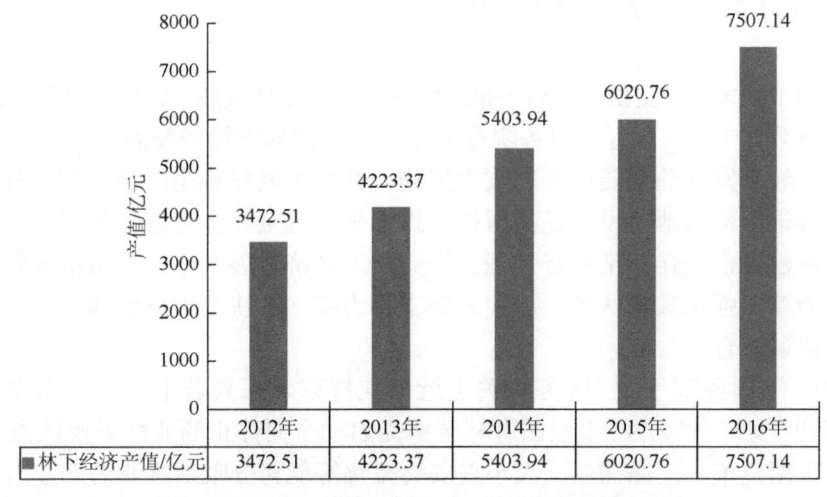

图 1-1　全国林下经济产值变动趋势

近年来，黑龙江省传统的木材采运产值呈下降趋势，林下经济产业则发展迅速（图 1-2）。统计数据显示，2016 年黑龙江省林药种植与采集、森林食品种植与采集、陆生野生动物饲养、非木林产品加工等林下经济产业规模均比上一年有较大幅度的增长。2016 年黑龙江省林下经济产值达 500.99 亿元，比 2015 年增加 42.21 亿元，增长 9.20%。与此同时，2016 年黑龙江省木材采运产值仅为 5.40 亿元，比 2015 年下降 1.68 亿元，下降 23.73%。

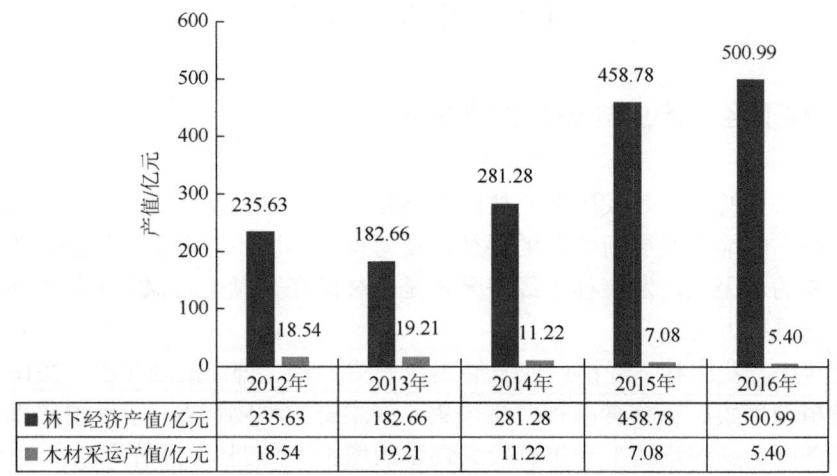

图 1-2　黑龙江省木材采运和林下经济的产值变动趋势

1.1.2　关于林下经济的重要政策

党的十八大报告提出了"着力推进绿色发展、循环发展、低碳发展"，2012 年国务院办公厅专门下发了《国务院办公厅关于加快林下经济发展的意见》，提出了我国林下经济发展的主要任务和政策措施。其中主要任务是：科学规划林下经济发展，推进示范基地建设，提高科技支撑水平，健全社会化服务体系，加强市场流通体系建设，强化日常监督管理，提高林下经济发展水平。政策措施包括：加大投入力度，强化政策扶持，加大金融支持力度，加快基础设施建设，加强组织领导和协调配合。

2014 年国务院下发《国务院关于近期支持东北振兴若干重大政策举措的意见》，提出"支持在黑龙江重点国有林区率先启动全面停止商业性采伐试点"和"重点培育阜新皮革、辽源袜业、大小兴安岭蓝莓等能充分吸纳就业的产业"。

2013 年《黑龙江省人民政府办公厅关于印发黑龙江省林下经济发展规划（2013—2020 年）的通知》，提出"重点打造林菌、林果、林药、林业养殖、林业蔬菜、林业种植等 6 个林下经济支柱产业……建成一批特色产业园区和多元化林产品市场，建立多元、稳定、安全的资源支撑和产品应用体系。培育一批以知名品牌为引领，以产业链为纽带，具有一定规模和影响的大型林业企业集团，基本建成具有黑龙江特色的门类齐全、结构合理、竞争有力、优质高效的产业体系"。

2013 年《黑龙江省人民政府办公厅关于印发黑龙江省绿色食品产业发展纲要的通知》，指出"重点打造东宁县、尚志市、嘉荫县和森工系统 4 个林业局黑木耳产业基地，构建以黑木耳为主导的森林食用菌产业集群；依托佳木斯、伊春、鹤岗、双鸭山和森工系统 4 个林业局发展坚果产业基地；以哈尔滨、伊春、大兴安岭、黑河等地和农垦系统 2 个管理局为重点，布局森林浆果产业项目。重点开发山野菜、山野果、特色浆果干、速食食用菌和坚果加工食品"。

2014 年《黑龙江省人民政府关于印发黑龙江省促进经济稳增长若干措施的通知》，其中提到：支持林区发展林下经济，加快转型发展。省森工总局[①]通过企业重组整合"黑森"林下产品品牌。

1.2 研究目的及方法

1.2.1 研究目的

以可持续生计理论为指导，研究大小兴安岭林区职工家庭的生计以及发展林下经济的情况，在林区建设社会化服务体系以服务于职工家庭发展林下经济，提出支持林区发展林下经济的政策体系，为改善大小兴安岭林区职工家庭的生计状况提供参考依据。具体研究目的如下。

（1）把握大小兴安岭林区职工家庭生计状况的现实水平，对职工家庭的生计资本、生计策略和生计后果进行描述性统计分析，探讨大小兴安岭林区职工家庭生计资本和生计策略的相互关系。

（2）通过统计数据和调查数据对大小兴安岭林区林下经济产业的整体发展状况进行阐述，分析林下经济产业发展中存在的问题。分别从职工家庭和林下经济产品加工销售企业两个方面对林下经济产业发展状况进行描述性分析和计量经济分析，探究职工家庭在发展林下经济的活动中影响其经济效益和效率的关键因素，提出林下经济产业升级的路径和相关保障措施。

（3）分析大小兴安岭林区发展林下经济的社会化服务体系建设现状。从林区职工家庭的角度出发，研究职工家庭在生产过程中面临的问题、对各项社会化服务的需求意愿，以及对已获社会化服务的满意度，分析影响职工家庭对各项服务满意度的因素。

---

① 省森工总局为黑龙江省森林工业总局。

(4）构建既有利于林区生态保护，又有利于激励林区发展林下经济的扶持政策体系。

1.2.2 研究方法

采用规范分析与实证分析相结合、定性分析与定量分析相结合的方法，统计数据与调查数据相结合，力求揭示事物发展的规律，又强调其应用性，注重方法的可操作性。

（1）文献综述方法。首先对当前国内外林下经济和可持续生计等相关领域的文献进行梳理，进行必要的文献综述；其次在每一个专题进行实证研究之前进行必要的文献综述。

（2）典型调查与抽样调查相结合方法。本书将深入大小兴安岭林区的典型林业局进行典型调查，搜集各地发展林下经济的产业布局、生产经营模式以及扶持政策等相关资料。同时，在典型林业局随机抽取林区居民住户，进行问卷调查和数据采集。

（3）关键人物访谈方法。在大小兴安岭的每一个典型林业局，对国有森工企业的管理干部和林区居民住户进行一对一的访谈。

（4）案例调查方法。在典型林业局调查或收集发展林下经济的典型案例。

（5）定量分析方法。分别运用问卷调查数据和统计数据，针对研究专题的不同问题，建立正确的计量经济模型，进行科学的定量分析。

1.3 研究的地域范围及数据来源

1.3.1 研究的地域范围

大小兴安岭林区横跨黑龙江省和内蒙古自治区。根据国家实施的《大小兴安岭林区生态保护与经济转型规划（2021—2035 年）》，大小兴安岭林区包含黑龙江省 37 个县（市、区），内蒙古自治区 11 个旗（市、区），包括县（市、旗、区）区域内的国有林区企业及所属林业局。林区总面积 42.6 万 km^2，总人口 744 万人。

1.3.2 研究的数据来源

本书中所用数据来源有二：一是统计数据，包括中国林业统计年鉴和黑龙江省森林工业总局多种经营统计报表;二是调查数据,2014年7~8月,课题组赴黑龙江省大小兴安岭林区9个林业局对职工家庭进行入户问卷调查,并对林下产品加工企业进行问卷调查。调查采用多阶段抽样方法,首先,采用典型抽样方法,在黑龙江省大小兴安岭林区抽取8个林下经济发展典型的林业局;然后根据各林业局林下经济发展情况,选择3~4个林下经济发展典型的林场;最后,在每个样本林场随机抽取10户林下经济发展典型的职工家庭作为样本户,共得到372个职工家庭样本户。在样本林业局同时选择2~3个林下经济产品加工企业,对其进行问卷调查,最后获得16个样本企业。职工家庭样本分布情况见表1-1,各样本林业局的基本情况见表1-2。

表1-1 调查样本分布情况

林业局	样本数/个	所占比例/%
柴河	61	16.40
绥阳	83	22.31
清河	34	9.14
亚布力	60	16.13
五营	48	12.90
苇河	50	13.44
绥棱	11	2.96
塔河	25	6.72
合计	372	100.00

表1-2 2013年各林业局基本情况

林业局	总产值/万元	林下经济产值/万元	施业区面积/hm^2	森林面积/hm^2	森林蓄积/万 m^3	在岗职工人数/人	在岗职工年均工资/元
柴河	167408	47630	345000	314000	3802	4418	33215
绥阳	130343	90034	516451	460000	3337	4707	21873
清河	1631000	126360	145000	127000	1277	2167	24044
亚布力	132200	596420	305000	270000	1700	6178	22795
五营	150482	8888	120573	107506	730	5582	18163
苇河	102486	60155	191417	162604	1329	4712	20850
绥棱	109222	17928	214802	166792	1730	5349	15649
塔河	125358	—	923000	839000	5654	6844	25214

资料来源:《中国林业统计年鉴2014》和调研中各林业局的汇报材料。

1.3.3 职工家庭样本的基本情况

在国有林区职工家庭中（表 1-3），96.8%的职工家庭的户主为男性，女性户主仅占 3.2%。户主的年龄集中于 41～50 岁，占 53.2%。户主受教育年限以初中和高中学历为主，占 82.8%，仅有 9.1%的户主拥有本科及以上的高等学历。在调查过程中，极少访问到 30 岁以下的年轻人，这可能是因为年轻人对林业生产经营活动不感兴趣，而且年轻人一旦受教育年限较高或者掌握一技之长后，基本上都去外地务工。65.3%的林区职工家庭为三口之家。职工家庭年收入主要集中在 10001～30000 元，占 49.2%。

表 1-3 样本户主的基本特征

基本特征	特征解释	频数/个	比例/%
性别	男	360	96.8
	女	12	3.2
年龄	≤30 岁	9	2.4
	31～40 岁	56	15.1
	41～50 岁	198	53.2
	51～60 岁	99	26.6
	≥61 岁	10	2.7
受教育年限	≤6 年	30	8.1
	7～9 年	199	53.5
	10～12 年	109	29.3
	≥13 年	34	9.1
家庭规模	≤2 人	75	20.2
	3 人	243	65.3
	4 人	42	11.3
	≥5 人	12	3.2
家庭人均年收入	≤10000 元	159	42.7
	10001～30000 元	183	49.2
	30001～50000 元	22	5.9
	≥50001 元	8	2.2

1.4 本章小结

近年来我国林下经济产业发展迅速,大小兴安岭林区资源危机和经济危困的状况取得明显改善。为彻底摆脱对"木头经济"的依赖,要探索接续产业发展之路,从而实现大小兴安岭林区生态保护与经济社会协同发展。发展林下经济无疑是该林区在调减木材产量的情况下实现经济转型的最重要的方式之一。在此背景下,以可持续生计理论为指导,研究大小兴安岭林区职工家庭的生计以及发展林下经济的情况,在林区建设社会化服务体系以服务于职工家庭发展林下经济,提出支持林区发展林下经济的政策体系,可为改善大小兴安岭林区职工家庭的生计状况提供参考依据。

本章在总结研究背景的基础上,梳理了我国特别是大小兴安岭林区近年来关于林下经济的重要政策,阐述了开展研究的地域范围和数据来源,并描述性分析了职工家庭样本的基本情况。

第 2 章 国内外研究综述

2.1 关于生计的研究

2.1.1 国内研究综述

1. 关于反贫困的研究

杨均华和刘璨（2019）发现不同贫困标准下农村贫困发生率呈现差异化的变化趋势。家庭储蓄、支农政策、社会保障、通信设施和家庭教育支出对农户脱贫有全面性影响；人力资本、耕地和林地、农业经营劳动投入、非农经营劳动投入和社会网络对农户脱贫有结构性影响。揭子平和丁士军（2016）利用恩施市农户调查数据采用 Alkire 和 Foster 的多维贫困测量方法分析了恩施市农户的多维贫困情况。研究指出在减少绝对贫困数量的同时，也应更加关注相对贫困。在扶贫开发过程中，尤其要注意相对贫困人群，建立帮扶机制，实现全面脱贫。张琦和冯丹萌（2016）发现改革开放以来我国减贫治理体系逐步完善，治理能力逐步提升。贫困人口明显下降，贫困人口受益面扩大，生活水平和质量不断提升。在我国完成现有标准下贫困人口全部脱贫、贫困县全部摘帽、解决整体性贫困问题的历史使命后，我国减贫重点将转变为相对贫困问题和低收入群体。唐钧（2003）认为建立一个以社区为依托的城市扶贫和发展可持续生计的社会政策体系和工作机制，是城市反贫困取得根本胜利的关键。农村贫困问题是可持续生计研究的主要领域，李小云等（2005）发现农村贫困人口生计表现的特点为：自然资本受到不可抗拒因素的影响较多，使生计暴露于风险之下，而没有可行的措施予以补救；贫困农户的物质资本一般只能维持自身生产和生活的需要，在面临风险的时候不具有转换性；贫困农户没有可以流动的金融资本积累；贫困农户缺乏对人力资本进行投入的能力；贫困农户的社会资本主要表现为家庭网络。陈传波（2005）介绍了一个风险和脆弱性分析框架，该框架将农户的各类资源、收入、消费、福利以及相应的制度安排很好地纳入一个体系之中，讨论了农户可能遭受的各类资本风险、收入风险和福利风险，以及这些风险在贫困落后地区的特征——多种风险交织。李小云等（2007）通过设计农户生计资本量化研究方法，对农户脆弱性进行了定量分析。研究表明：在农村社区，不同群体的脆弱性表现出差异性，生计资本的单一缺乏或者多元缺乏都是导致农户脆弱性的直接原因，最为脆弱的农户就是多种资本缺乏型农户。

2. 关于城市化进程中失地农民生计的研究

中国社会科学院社会政策研究中心课题组（2005）认为实现失地农民可持续生计政策落实的具体措施有"完善补偿机制，关于资本建设，关于促进就业以及关于社会保障制度建设四个方面的内容"。苏永伟等（2015）针对失地农户可持续生计分析框架建立、对失地农户可持续生计的实证分析、实现失地农户生计可持续的对策等方面进行了梳理和评述，认为失地农户就业是实现失地农户可持续生计的基础，失地农户收入是实现失地农户可持续生计的关键，而权益维护和社会保障是实现失地农户可持续生计的保障。朱秀变和崔志坤（2005）对失地农民存在的问题进行归纳总结后提出了解决失地农民可持续生计的五条建议：建立失地农民再就业服务机制；建立失地农民就业保障金；留地安置或异地安置；规范和引导出租房市场；鼓励农民从事第三产业。王文川和马红莉（2006）利用可持续生计方法对我国城市化进程中失地农民的生计问题进行分析，认为其根本原因是失地农民构建和运用生计策略遇到障碍，解决这一问题的关键在于充分发挥政策、机构的正向积极作用，帮助失地农民增加生计资本积累并形成以人力资本为主导的有效资本组合，提高运用资本组合谋求生计的能力。孙绪民和周森林（2007）认为实现失地农民的可持续生计，应以建构科学合理的制度体系为基础，以实现失地农民的生产性就业为核心，以引导和帮助农民积累资本为补充。刘家强等（2007）认为在重新构建可持续生计基本框架下，建立失地农民的社会保障制度是其中重要的制度资本和基础要件，深入分析了失地农民社会保障制度在替代土地功效、解决基本生存与保障问题上的优势与成效，并对提高制度的绩效性、替代性和持续发展性提出了对策建议。

3. 关于退耕农民生计的研究

韦惠兰和白雪（2019）从土地利用结构、生计非农化和收入结构多样化说明退耕还林政策影响农户生计策略的表现，重点从生计资本、生计脆弱性、农户意愿及政策利益相关者相互博弈的视角探讨了退耕还林政策对农户生计策略的影响机制，发现退耕还林政策通过以上因素作用于农户生计策略的选择范围、调整方向与程度及其可持续性。孙贵艳和王传胜（2017）以甘肃秦巴山区为研究对象，从宏观和微观两个层面探究了退耕还林（草）工程对农户生计产生的影响。在宏观层面上主要阐述了新一轮退耕还林（草）工程对耕地、生态环境、农民收入、基础设施产生的影响。在微观层面上采取问卷调查的方式对甘肃秦巴山区的退耕户与非退耕户的生计资本和生计多样化状况进行了分析。研究结果表明，退耕户的生计资本与生计多样化状况都好于非退耕户。张寒等（2016）在"可持续生计框架"下，利用宁夏中卫市，盐池县和平罗县的农户调查数据，采用倍差法，厘清了退耕还林工程对农户生计资本的净效应。研究表明总量上退耕还林工程对农户生计资本的净效应为正，反映出退耕提高了农户发展能力。从不同类型生计资本来看，除了自然资本的净效应为负外，其余各项的净效应均为正，其中较大的有金融资本和物质资本。耕地被退耕成林地，是自然资本为负的主要原因，而政府对退耕地的补贴对于金融资本和物质资本的增加起决定性作用。于秀波等（2006）分析了"湿地保护项目是如何改善民众生计的"这一问题。研究表明世界自然基金会（World Wide Fund for Nature，WWF）长江项目在湿地保护的同时，实现了增加收入和福利、减轻脆弱性、增强可持续利用的自然资源基础等经济效果。生计水平提高的原因可以归结为当地社区的积极参与、国家政策机遇、伙伴关系的建立、社区基层组织建设以及适应性管理方法的应用等。张春丽等（2008）通过对三江自然保护区农户家庭退耕还湿和替代生计选择的问卷调查分析发现：农民对退耕还湿的支持主要取决于能否保证自身的经济利益，以及自身的收入来源和谋生能力；替代生计发展的不健全和不稳定，使得农民仍把土地作为重要的生活保障。苏娟（2007）对贵州省退耕还林地区的农户生计状况进行调查，了解了农户生计现状，尤其是在退耕还林工程影响下农户生计发生的变化，找出了生计的优势和面临的风险，并提出有利于生态脆弱的贫困地区获得可持续发展的相关建议。

4. 关于农牧民生计的研究

郝文渊等（2014）对西藏林芝地区农牧民生计资产状况进行评价，在此基础上对农牧民生计资本与生计策略关系进行分析。研究结果表明，林芝地区农牧民生计资产中自然资本存量较高，当农牧民有比较多的金融资本和人力资本时，农牧民所采取的生计策略以非农业生计活动为主；当农牧民有较多自然资本和物质资本时，其黏性较强，农牧民不愿意放弃其原有的农业生计活动。刘华民等（2012）通过对鄂尔多斯市乌审旗畜牧业和农业区域10个嘎查村102家农牧户家庭开展的问卷调查和访谈研究，分析了当地农牧民对气候变化的认识，结果显示乌审旗农牧业对气候变化的应对能力极为脆弱。农牧民通过多样化的方式来应对气候变化，但这些过程多数增加了生产过程中的投入。限制农牧民适应气候变化的因素主要包括资金匮乏、技术缺乏或落后、水资源短缺。赵雪雁等（2011）采用参与性农户评估方法对甘南高原115户农牧民家庭进行调查，分析了甘南高原纯牧区、半农半牧区和农区农户的生计资本现状、生计活动特点，阐释了生计资本对生计活动的影响。研究结果表明农户的生计资本影响着生计活动的选择，自然资本缺乏迫使农户寻求其他谋生方式，但受教育程度低、物质资本与金融资本缺乏以及封闭而狭窄的亲缘与地缘关系限制了农户生计多样化。Xue（2006）对滇西北农牧区生计面临的各种风险，如气候和环境风险、牲口疾病、作物病虫害和经济风险进行评估并提出相关的政策建议。侯玉峰（2006）对内蒙古自治区赤峰市克什克腾旗浩来呼热乡（属于农牧过渡带）调研发现："公司+牧户"模式对牧户的六种生计资本都有不同程度的改善，从而在有限自然资源的前提下使牧户合理地进行生计策略的选择，缓解了现阶段草原保护与牧民利益的矛盾。张丽萍等（2008）研究了青藏高原东部山地农牧区金川县可尔马村的生计多样化与耕地利用模式，结果表明以非农活动为主的生计多样化可能是该区构建可持续生计的核心。

2.1.2 国外研究综述

国际发展机构和非政府组织涉及的实践领域有以下几个方面：非政府组织农村扶贫和发展项目的确定、设计和实施；指导农村参与式规划和优先保障人的发展；帮助分析和设计部门性的项目（如野生动物管理、海岸资源管理）；一些领域的深度研究（如生计多样化过程，制度、政策、组织、市场和技术与生计的关系）等。梅里·杜帕尔在对东南亚（包括越南、老挝、柬埔寨、泰国等）环境、生计和地方机制进行研究后发现，分权改革保障了地方生计，促进了资源管理和社会公平。

联合国粮食及农业组织（Food and Agriculture Organization of the United Nations，FAO，简称联合国粮农组织）基于农户生计内容主持了多个项目。为了帮助贫困地区的乡村及时获得信息，联合国粮农组织在发展中国家的农村普及信息通信技术，在建设基础设施的基础上进一步推动了农村信息通信的使用。该工程通过改善人们现有的通信、交换知识和获取信息的途径，来改善农村人口获取当地知识的能力，进而推动农村发展。

Wallace（2007）认为农业/农村教育和培训是生产性人力资本提高的关键所在，而人力资本对于提高撒哈拉以南非洲数百万小农户的生产力、多样性、可持续性和食物安全是必不可少的。

Anderson（2003）研究表明：对于世界上许多最贫穷的人而言，把牲畜作为资本和把饲养牲畜作为一套活动是他们的基本法则，他们有限的资源使用权使得他们的贫困状态难以得到改变，而且每况愈下。Glavovic 和 Boonzaier（2007）采用可持续生计方法对南非的海岸管理进行了研究，该方法侧重于关注在管理机构和社会组织的调停下低收入人群获取海岸资源以追求理想生计结果的策略，这对一般的海岸管理思想和实践是一个补充。

2.1.3 述评

从"可持续生计"的概念提出到现在已经有 20 多年的历史了。在这 20 多年里，各个国家的专家学者都对如何解决一个地区的可持续生计做出了不懈努力。有的国家和地区已经沿用可持续生计的分析框架，在一定脆弱性环境的背景下，通过一系列生计战略和制度结构的演变，将理论运用到实践中去。可以明显地看出，可持续生计分析框架对于部分群体的研究，从客观环境到个人的生计资本，再到生计策略和生计后果，都有一个较为全面的测度；对于研究贫困群体贫困的深层原因，能够进行多方面的考虑，深刻挖掘其中的本质，并得到不同影响因素之间的作用机制。总体来说，可持续生计是以一种发展的眼光看待一个传统问题，也因此得出了一些新思路和新方法，这就为更好地解决生计问题奠定了理论基础和政策依据。但是，运用可持续生计框架对国有林区职工家庭生计问题进行分析的文献还不多见。

2.2　关于林下经济的研究

2.2.1　国内研究综述

国内林下经济发展起步较晚，通过对国内文献的阅读和梳理，发现我国对于林下经济的研究主要集中在以下 5 个方面，分别是林下经济发展影响因素的研究、林下经济发展模式的研究、林下经济发展对策的研究、林下经济生产活动的研究和林下经济产业发展的研究。

1. 林下经济发展影响因素的研究

对于林下经济发展影响因素的研究，一些学者通过定量的方式进行研究，主要有以下几种：第一种是建立 Logistic 回归模型，对农户或职工家庭从事林下经济活动意愿的影响因素进行研究。研究发现，影响因素主要集中在 3 方面：一是户主的个体特征，如年龄、性别、受教育程度、是否从事其他职业等。二是自家林地状况，如林地的坡度、面积、水土流失情况等。三是其他外部因素，如林下经济产品销售、资金问题及市场信息、政府扶持情况以及地域分布等（乔慧，2014；李彧挥等，2011；朱洪革，2009）。第二种是运用普通最小二乘法（ordinary least squares，OLS）对林下经济产业收入的影响因素进行研究。研究发现，人力、资金投入情况以及林地面积及质量状况对其有重要影响（姚宁，2013）。第三种是运用层次分析方法，通过建立林下经济发展的影响因素指标体系进行研究，共建立了四个二级指标，分别是林地情况、林业经济合作社和企业、职工家庭以及政府层面指标（胡佳，2013）。

还有一些学者通过定性的方式进行研究。不同学者基于不同视角，运用各类统计数据或者实地走访调研进行研究，提出不同的影响因素。陈柯（2014）构建了林下经济影响因素的层次结构，认为资金因素是最重要、最根本的原因，然后是市场、技术、理念因素，以资金因素开始依次相互影响。单红旭（2012）通过对安徽某一村庄林下经济活动进行问卷调查，发现赋予职工家庭足够的权利对促进林下经济的发展有积极作用。廖灵芝和李显华（2012）通过对云南省五个县共250户职工家庭进行走访调研，发现小农思想的禁锢、林地流转少、资金短缺以及林下经济产品产销脱节对林下经济的发展有制约作用。

2. 林下经济发展模式的研究

林下经济发展模式的研究，主要分为林下经济生产模式和经营模式两类。关于林下经济生产模式的分类，方震凡等（2010）将其主要分为三类：林下养殖、林下种植和林下游憩。王云卿（2014）在此基础上还多加了一项林下采集，包括野菜、野生药材等。也有很多学者将以上四种模式进一步细分，将其分为林菌模式、林禽模式、林畜模式、林药模式、林粮模式、林草模式、林油模式、林菜模式、复合模式（万小军等，2010；顾晓君等，2008）。

对于林下经济经营模式的分类，刘美丽（2007）将其分为"公司＋基地＋农户"的公司模式、专业协会以及担保模式三种。王焕良等（2011）和王照平（2010）在"公司＋基地＋农户"的模式上引入专业协会，提出"龙头企业＋协会＋基地＋农户"的经营模式。朱培林和房海灵（2014）对经营模式的分类更为详细，分成"协会＋专业合作组织＋农户经营"模式、"专业合作组织＋农户"模式、联户或联组经营模式、农户独立经营模式和"科研单位＋基地＋农户"模式五种。

3. 林下经济发展对策的研究

对于林下经济发展对策的研究，很多学者都是先通过对林下经济发展现状进行分析，然后根据存在的问题提出发展对策。发展对策的提出主要是从政府角度出发，首先，政府应该因地制宜，制定林下经济发展规划。其次，加大经济上以及非经济上的政策支持，如建立林下经济专项发展资金，给予补贴和奖励，完善林区基础设施建立；培育示范典型，扶持龙头企业和林下经济生产大户，积极发挥示范带动作用，鼓励大家进行林下经济生产活动；积极建立发展林业专业合作社，引导合作经营。最后，加大对林下经济生产活动的宣传（姜国清，2012；柏方敏，2011；张维祥等，2011；王焕良等，2011；郭宏伟和江机生，2011）。也有学者在此基础上强调政府应该进一步落实产权到户，加大社会化服务体系建设，继续实行林改制度，不断挖掘林下经济产业的潜力，这样才能共享林下经济发展的成果（张蕾等，2011）。还有学者建议政府应该加快林下经济作物认证来促进林下经济产业的发展（姜洋等，2012）。

资金和技术问题是林下经济目前发展存在的重要问题，学者针对这个现象也都提出要加强林业金融服务和技术服务体系建设，强化资金技术支撑，加快林下经济发展。金融机构，如银行应该开发林下经济信贷产品，延长贷款期限，减免贷款利息；保险公司应专门设立林下经济产品保险（陈渭山，2011；何焕秋，2011；王照平，2010）。

4. 林下经济生产活动的研究

对于林下经济生产活动的研究，主要集中在生产效率和生产效益的研究。对于生产效率的研究，学者多是运用数据包络分析（data envelopment analysis，DEA）的方法进行研究，只是研究的范围不同，一些学者仅对某单一对象进行研究。李树明等（2010）对食用菌生产效率进行研究，发现职工家庭技术水平高、职工家庭成员中包含干部、职工家庭与生产企业签订购销协议对生产效率有正向作用，而技术效率缺失对生产效率有负向作用。也有学者对不同规模双孢蘑菇的生产效率进行了分析（李树明，2011）。还有一些学者研究范围更广，对林下经济生产活动的不同经营组织模式和生产模式都分别进行效率分析，并根据研究结果对林下经济生产模式和经营组织模式进行了规划（彭斌，2014）。还有学者则是对整个林下经济发展效率进行研究，发现林下经济发展模式的选择、作物品种的选择、前期财力和物力的投资规模会影响林下经济发展效率（彭斌和刘俊昌，2014）。

对于林下经济生产效益的研究，多数学者都偏向于研究什么样的生产模式能带来最好的效益。刁军等（2013）对福建省林下种植、林下养殖、林下经济产品加工以及林下游憩四种生产模式分别进行效益评价，发现林下种植效益最好。其中，林苗、林花、林药效益最好。此外，还分别评价了其他三种模式中效益最好的模式。朱雄峰（2014）也用相同方法对广西林下经济产业进行评价，发现林下养殖模式经济效益最好。还有很多学者从林学或农学的角度，通过实验的方式来验证哪种种植或者养殖模式能带来更好的经济效益，为林下经济发展提供了支持。潘慧玲（2014）发现在香樟树下套种铁皮石斛和在桉树下套养土鸡生产效益最好。游申权（2014）发现林下经济发展模式与核桃栽培结合能够促进两者更好的发展。陈慧玲等（2014）根据中药材不同的生物学特性及生长条件进行研究，发现喜光的阳性药材适合种植在郁闭度小于0.4的幼龄或疏龄林地，如玄参、丹参、茯苓等，喜阴或半阴的药材适合种植在郁闭度为0.4～0.8的中龄或成龄林地，如天麻、黄连、石斛等。

5. 林下经济产业发展的研究

对于林下经济产业发展的研究，一些学者运用不同的方法对其进行分析，吴志文（2011）运用态势分析法（strengths weaknesses opportunities threats，SWOT，S 表示优势，W 表示劣势，O 表示机会，T 表示威胁）对我国林下经济产业进行分析，从克服制约因素、加强宏观调控、注意市场调节三大方面对林下经济产业发展提出了建议。林文树等（2014）和李娅等（2014）则在 SWOT 分析的基础上继续运用层次分析法（analytic hierarchy process，AHP）对林下经济产业发展进行研究。王虎等（2010）则通过运用偏离-份额分析法对河北省的冀南、冀中、冀东、冀北四大区域林下经济产业规划布局进行研究，发现这四个地区应分别发展集约生产示范产业群、种植产业群、都市型休闲观光林下经济产业群和畜牧业产业群，这样才能发挥各自优势，从而带动整个林下经济产业的发展。还有学者通过计算林下经济复合度对不同区域进行研究，通过复合度高低结果对林下产业发展提出建议（王虎，2011）。

另外一些学者则从林下经济项目可持续性方面对林下经济产业发展进行研究。黄易（2012）利用可拓学的原理对桐梓县的林下经济产业项目建设可持续性进行研究，并通过 MATLAB 专业软件对结果进行详细分析。韩杏容等（2011）利用二元对比法、专家打分法以及关联树法进行研究，发现财政投资、群众经济承受力等是影响林下经济建设项目可持续性的关键性因素。贺雪涛（2014）运用系统动力学的原理，对黑龙江省林下经济产业发展进行动态仿真模拟。

2.2.2 国外研究综述

在国外，没有关于"林下经济"这一说法，与之相对应的是农林复合经营、非木质林产品和非木材林产品。主要集中在生产活动影响因素研究、生产活动效益研究、生产活动可持续发展研究 3 个方面。

1. 生产活动影响因素研究

对于非木质林产品影响因素的研究，一些学者对生产行为的影响因素进行了研究。Sood 和 Mitchell（2011）对印度喜马拉雅山西部的 401 户住户调查，发现薪材和木材的可获得性或可用性影响着农户是否进行农林复合经营的动机，同时对木材产品的需求不会影响农户对农林复合经营的动机。Thangata 和 Alavalapati（2003）对马拉维南部人们是否愿意从事南阳樱与玉米交叉种植模式的因素进行分析，发现农民的年龄、受教育程度、家庭从事农务人口数量是重要因素。

还有一些学者对非木质林产品收入的影响因素进行了研究。Neupane 等（2002）

对尼泊尔丘陵地区的 223 户住户进行调查，运用多元线性回归方法进行分析。研究发现，户主年龄、受教育年限、家庭劳动力人数、自家牲畜数量、家中 5 岁以下的小孩数量对进行非木质林产品收入有重要影响。Mujawamariya 和 Karimov（2014）还用相同研究方法，发现非木质林产品上一季节的价格高低和户主经验也会对收入产生影响。Kar 和 Jacobson（2012）对孟加拉国非木质林产品生产活动进行研究，发现非木质林产品创造的收入价值远远大于木质林产品的价值。同时，家庭劳动力人数、当地社会经济环境因素对非木质林产品收入有重要影响。

另外一些学者则对非木质林产品利用程度的影响因素进行分析。Guariguata 等（2008）对危地马拉和玻利维亚北部两个地区进行调查，发现社会经济因素和制度性的因素会影响木材和非木质林产品利用和管理的兼容性。Janse 和 Ottitsch（2005）对荷兰和挪威两个地区进行调查分析，发现当地制度因素、经济特征（竞争和排他性）、森林资源情况、当地居民态度、价值观和习俗会影响非木质林产品的利用程度。

2. 生产活动效益研究

对于非木质林产品生产活动的效益研究，主要集中在生产效率和价值评价研究两个方面。对于非木质林产品生产效率的研究，Thangata 和 Alavalapati（2005）对喀麦隆热带雨林地区运用 C-D 生产函数模型进行分析，研究发现产品的供给价格弹性对生产效率有着积极影响，而投入需求的价格弹性对生产效率有着消极影响。Clason 等（2008）也用相同方法对不列颠哥伦比亚中南部的幼林、成熟林以及原始森林三个不同林区的非木质林产品的生产效率进行对比分析，发现成熟林区的非木质林产品生产效率最高。

对于非木质林产品生产价值的研究，Chukwuone 和 Okeke（2012）研究发现非木质林产品生产可以为保障农户家庭粮食安全做出贡献。Muler 等（2014）发现非木质林产品生产能够增强热带雨林树木生长的再生性。Peterson 和 Monserud（2002）对非木质林产品的价值进行估算，发现非木质林产品可用于自然资源可持续发展，帮助森林多样化经营。Stigter 等（2002）强调农林复合经营是非洲一些国家解决风沙问题的有效途径。Rasul 和 Thapa（2006）通过对孟加拉国的农户进行问卷调查、案例研究、小组讨论以及关键信息调查的方法收集数据，对农林复合经营系统与耕地的收益分别用成本率、净现值与资本回报率三个指标进行评价，研究发现农林复合经营比农作物耕种有着更明显的优势。Oke 和 Odebiyi（2007）对尼日利亚翁多州农林复合经济活动价值进行评价，发现农林复合经营对促进木材生产、可食用水果生长以及保护多种森林物种有积极作用。

3. 生产活动可持续发展研究

对于非木质林产品生产活动可持续发展的研究，Saha 和 Sundriyal（2012）、

Albers 和 Robinson（2013）、Heubach 等（2011）都强调非木质林产品的可持续发展必须依靠政府制定一个周密的管理计划和完善的扶持政策才能得以持续。Steele 等（2015）研究发现，对非木质林产品的依赖性越大，对当地环境影响就越大，必须要依靠当地资源治理部门进行调节，才能维持非木质林产品的可持续发展。Shackleton 和 Ashok（2014）则更加强调需要将非木质林产品的发展提到扶贫项目和经济发展规划中去，以促进非木质林产品的可持续发展。Tieguhong 等（2012）对中非地区从事非木质林产品的中小型企业的可持续发展进行研究，发现需要提高企业的管理水平、技术水平和创新能力以及相互之间的合作关系才能实现可持续的发展。

2.2.3 述评

国内外的学者都对林下经济生产活动影响因素以及生产效率进行了研究，也都提到政府管理、相关政策实施及相关服务部门的重要影响。国外学者对非木质林产品的研究都主要集中在发展中国家，他们很注重非木质林产品的可持续利用和价值评估。国内学者则着重于对各地方林下经济的发展状况进行研究，然后从政策、资金、市场、相关服务部门、技术等方面提出相应的改进措施。对于林下经济产业的研究也都集中在林下经济项目的可持续评价以及产业布局上，没有专门对林下经济产业升级的研究，所以本书的研究对林下经济产业发展有着重要意义。

2.3 关于社会化服务体系的研究

2.3.1 国内研究综述

"社会化服务"这一概念在我国最早出现于农业领域，其起源可以追溯到 1983 年《人民日报》最先出现"农业专业化服务"的概念，以及 1984 年和 1986 年的中央一号文件提出"社会服务""商品生产服务体系""生产服务社会化"的概念，之后出现了"系列化服务""一体化服务"等提法（王洋，2010；孔祥智等，2009）。1990 年 12 月 1 日，《中共中央、国务院关于一九九一年农业和农村工作的通知》中正式提出"建立健全农业社会化服务体系"。农业社会化服务体系是在家庭承包经营的情况下，为解决分散经营的小农户与社会化大市场之间的矛盾而出现的。而"林业社会化服务"是由"农业社会化服务"演变而来的，是在集体林权制度改革的背景下，为了解决以家庭为单位的小规模林业生产经营主体与规模化、产业化、社会化大市场之间的矛盾而出现的。林业社会化服务体系的建设是林权制度改革的重要组成部分。目前国内学者主要从以下几个方面对林业社会化服务体系进行研究。

1. 林业社会化服务体系内涵的研究

林业社会化服务属于我国传统第三产业的范畴,是由"农业社会化服务"演变而来的概念,在国外并不存在"林业社会化服务"这一说法,有的国家称之为"林业支持服务""综合服务"或者是"社会化林业服务"等(蔡志坚,2010)。国内也有学者将林业社会化服务称为林业综合服务,指的是专业经济技术部门、乡村合作组织和其他社会组织为林业发展提供的各种服务。钟艳和谷梅(2005)认为林业社会化服务是指为林业发展提供产前、产中和产后服务的服务组织和活动的组合。孔凡斌(2008)、冯彩云(2006)以林业社会化服务产生的背景和主要功能为视角,提出林业社会化服务出现必须以明晰的林权为前提,以林业生产经营活动的规模化、集约化为基础,以专业的林业技术为支撑,林业社会化服务体系应该主要履行信息服务、技术服务、营销咨询等职责。包庆丰和王剑(2010)、冷清波(2007)认为林业社会化服务是专业技术部门、林业合作经济组织和社会其他方面等为林业生产提供的多种经济成分、多渠道、多形式、多层次的公益性服务体系和经营性服务体系总和。林业社会化服务为林业发展提供产前、产中和产后科技、信息、资金、人力、经营指导、市场营销、中介组织等服务的服务组织和活动的组合,需要政府、社会与市场共同参与,协同合作。刘德弟等(2001)提出林业社会化服务体系是在社会分工和协作的基础上独立出来的各种有关林业生产的服务供给者所形成的相互联系、相互补充的服务网络总和,是连接林农与市场、林业管理部门、林业技术部门、林业专业合作组织、林业支持部门的纽带。吴伟光等(2002)认为林业社会化服务体系是根据林业市场经济发展的客观要求,围绕林业生产部门产生的一种现代林业分工体系,运用社会各方面的力量,使经营规模相对较小的林业生产主体,适应规模化、产业化、集约化的市场要求,弥补自身规模较小的缺陷,获取规模化生产效益的一种社会化的林业经济组织方式。高柏成等(2004)提出林业社会化服务体系主要是以政策引导为基础,以专业的经济技术部门为依托,以林民自办服务为补充,形成的多种经济成分、多渠道、多形式、多层次的服务体系。

2. 林业社会化服务体系建设有关问题的研究

1)林业社会化服务组织建设的研究

国内林业社会化服务组织的研究多侧重于政府在林业社会化服务组织中的向导作用,以公益性服务体系为侧重点的研究,主要是对林业社会化服务体系的组织形式、组织提供的服务内容、服务效率、存在问题以及政策建议的研究。同时随着林权制度改革的推进，林业社会化服务组织受到了进一步的关注，学者对其中的部门和组织进行了诸多的研究，如对林业站、林业经济合作组织在林业社会化服务体系建设中的作用、功能及其如何进行林业社会化服务进行了研究（沈月琴等，2001）。

2）通过实地调研，对林业社会化服务供求问题的研究

目前，通过实地调研的方法对林业社会化服务进行研究是诸多学者较为认同的方法。因为通过实地调研，可以分析服务需求者对哪方面社会化服务需求意愿较为强烈，然后结合各服务组织的供给情况，我们可以根据职工家庭需求在服务供给时有所侧重，同时可以发现现有社会化服务体系存在的问题，然后针对不同问题探索出破解问题的途径。一些学者站在服务需求者的角度，分析研究其对各项社会化服务内容的需求意愿，以便服务供给主体在以后的服务供给中有所侧重。例如，蔡志坚等（2007）从林农需求角度出发对我国林业社会化服务体系进行了研究，该研究在对林农需求及林农对供给主体认知研究的基础上，从政府、社会和市场三方面分析了在林业社会化服务体系建设中如何做到相互协调与侧重的问题。郑红维等（2011）采用问卷调查的方式对河北省 640 户农户进行了实地调研，发现目前的林业科研、教育和推广机构缺乏协作，推广机构的推广创新不够。包庆丰和王剑（2010）通过对内蒙古巴彦淖尔市林农对社会化服务需求意愿的调查发现：从事林业生产和经营的林农对资金的需求意愿较为强烈，且林业大户的需求强度比散户更高，同时林农对林业经济合作组织的需求也很旺盛。而有些学者站在服务供给者的角度，研究分析其社会化服务供给内容和供给水平。例如，蒋立等（2012）通过随机抽样的方法，调查了福建三明市 2 个县的 8 个村、4 个合作社、162 户林农，采用问卷调查、小组访谈、半结构访谈、座谈会 4 种调查方法充分了解了县、村、合作社、林农四类调查对象的情况，总结当地林业社会化服务体系的基本情况和林农对服务的需求意愿，分析制约林业社会化服务发展的因素，有针对性地提出完善林业社会化服务体系建设的政策建议。

3）对林业社会化服务体系中的子体系进行研究

林业社会化服务体系涉及多方面的内容，不同的内容发挥不同的作用，因此一些学者针对不同地区不同问题进行了相关研究，主要涉及林业科技推广、林业融资、森林病虫害防治、森林保险等体系，其中对林业科技推广体系和林业融资体系的研究较多。由于我国林业社会化服务体系建设不够完善，存在问题也较多，因此研究者对这方面的研究较为细化，针对不同地区不同体系提出了不同构建、完善的措施。例如，余翔华（2007）对江西省林业科技推广的状况进行了调查，并分析了林业基层服务组织对技术服务的供给，进一步指出市场信息和使用技术服务是农户需求的热点，最后提出应该广泛开展科技下乡、扶持科技示范户、加强干部的学习等建议。董鸿鹏等（2007）对影响林户技术选择行为的因

素进行了分析，发现林农的受教育年限直接影响了技术的采用成本和效益。韦志扬等（2011）对林农技术选择偏好进行了研究，最后提出应该改变现在自上而下的林业科技推广模式，而应建立直接面向林农的技术推广体系，以降低采用新技术的成本和风险。

3. 林业社会化服务存在的问题及解决措施

一些学者站在纵观全局的高度对林业社会化服务体系整体进行了研究，深入分析了整个体系存在的问题并提出了针对性政策建议。丁胜和马天乐（2003）选取了能反映区域林业社会化服务体系的技术、教育、金融、法律方面的 10 个评价指标，对我国 15 个省（市）样本进行评价，运用主成分分析的方法提取出支持水平、服务水平、经费投入 3 个主因子，得出各因子以及综合的得分和排名。通过比较发现：支持水平的因子对各区域林业社会化服务体系影响最大，各区域林业社会化服务体系存在明显的差异，但各自又有特点。乔永平和聂影（2010）通过对福建省林业社会化服务体系的研究与分析，发现目前的林业社会化服务体系依旧停留在政府过多干预的格局，存在运转失调、活力不足等问题，改革和建立新的林业社会化服务体系十分有必要，要构建社会各界力量均愿意积极参与的林业社会化服务体系。朱海强和刘晓华（2013）通过对广西壮族自治区林业社会化服务体系的深入研究，发现目前的林业社会化服务体系存在着服务经费短缺、服务供给主体单一、服务内容简单、服务水平不高等问题，同时提出了要从物质支持、主体支持和技术支持三个层面来逐步完善林业社会化服务体系的建议。丁胜和马天乐（2003）从林业产权制度改革的视角对我国林业社会化服务体系进行了系统的研究，涵盖投资、经营、管理多方面权益，发现我国现有的林业社会化服务体系存在数量少、规模小、覆盖面不广、服务能力弱、服务效率低、资金不足、人员素质不高，部分地区领导和政府对林业社会化服务体系认识不足、重视不够等问题，提出各级政府应该利用电视台、广播电台、报纸等新闻媒体大力宣传和科普林业社会化服务体系，打消干部、群众的思想顾虑，激发其对林业建设的热情；同时鼓励农户建设为自己服务的林业社会化服务组织与经营模式，如"公司＋农户"模式，来提高自己在市场上的谈判力、竞争力。隋君和荆彦（2009）站在服务意识以及生态资源保护的角度，对林权制度改革后的林业社会化服务体系进行了深入研究，提出林业部门的职能应由过去的管理为主变为服务为主，政府的行为目标应由过去单一的森林资源保护向多种保护的方向转变，同时针对服务意识和资源保护两方面提出了对策建议。

4. 国外林业社会化服务体系经验借鉴

随着林业的不断发展，很多国家认识到了林业社会化服务体系在林业发展中的重要性,并且在林业社会化服务体系的研究和实践中均取得了一定成就,构建了比较完善的林业社会化服务体系。一些学者也对国外的林业社会化服务体系建设进行了研究,以便我国在林业社会化服务体系建设中借鉴。冯彩云(2006)通过详细分析比较日本和瑞典两个国家的林业社会化服务体系,指出我国要借鉴他们成功的发展经验,必须从我国的实际国情和林情出发,充分发挥政府的导向作用,在坚持市场化、专业化、社会化的基础上,发挥区域优势,建立多层次、多成分、多渠道的林业社会化服务体系。胡家浩(2008)通过对美国和德国两国的林业社会化服务体系的研究,发现美国林业社会化服务供给主要源于三部分:林业主管部门提供的公益性服务、林业技术推广部门提供的技术服务和相关森林工业管理部门提供的林产工业服务。德国也建立了一系列非政府组织的服务体系,如林主联合会等,以促进林业的发展。作者通过比较我国与美、德两国的林业社会化服务体系,提出了美、德两国对我国林业社会化服务体系建设的经验借鉴。曾华锋等(2009)通过对国外小规模林地的规模化生产经营的研究,指出我国小规模林地规模化经营的路径是完善法律、依法治林,同时对农户进行基本的林业社会化服务供给。张梅和李慧(2006)通过分析国外林业社会化服务体系的发展特征,从社会化服务体系的重要性、模式、发展方式等方面浅论了国外社会化服务体系的成功经验对我国林业社会化服务体系建设的启示。

2.3.2 国外研究综述

国外有些国家称林业社会化服务体系为林业支持服务、综合服务或者是社会化林业服务等。国外对林业服务组织的研究,主要侧重于政府、合作组织、私人服务组织应在林业社会化服务体系建设中承担什么样的角色。Anne 和 Dam(2000)、Rentz(1997)、Rivera(1996)认为林业社会化服务由政府来承担是有条件的,只有当社会的总收益比个人从林业社会化服务体系中获得的收益更多,某项林业社会化服务由政府供给比其他个人或组织提供更具有经济效益,政府的政策扶持与服务相互结合比其他个人或组织更有效率时,此时的社会化服务供给责任才应该由政府来承担。如果所有的社会化服务均由政府来提供,这种社会化服务往往针对性不强、影响力不大、效率不高,所以他们认为社会化服务应该逐步商品化和私有化,从而提高社会化服务的水平,激发市场活力。Brown 和 Harris(1992)认为林业组织机构是林业服务的基础,所提供的林业服务更为有效,较公共性服务更能满足私人对林业服务的需求。这与国内对社会化服务体系建设的现状并不一样。由于历史原因及国内的特殊情况,国内的社会化服务体系建设过分依赖政府在这个过程中的作用,导致运行效率并没有像预想的那样理想。此外,还有部分学者将社会化服务体系研究的重心放在合作组织上,

Chai 和 Chai（1994）认为在世界经济逐步向全球化经济过渡的过程中，市场经济体制下的林业发展不能再依靠个体经济，规模化、产业化经营是全球经济发展的趋势，而林业合作组织的发展对林业发展是强有力的支撑。Mortimer 认为不以盈利为目的的林业协会应该在林业社会化服务体系建设中占据主导地位，林业协会应该负责协调社会各界力量，为小规模的林业生产经营者提供林业生产过程中所需的各方面服务，以提高林业生产经营者的市场竞争力，优化林业生产经营者间的内部结构，降低其林业生产经营成本，促进林业收入的增加。Fujisawa（2004）认为日本森林组合在日本私有林的发展过程中发挥了巨大作用，日本政府从政策和金融等方面对森林组合给予扶持，使之发展为公私合营的组织，为私有林业主提供了林业生产经营过程中所需的技术、资金、信息等多方面的服务，促进了日本林业的快速发展。Mendes（2006）通过对瑞典林业社会化服务体系的研究，发现瑞典的林业社会化服务体系建设主要依靠市场来运行，而政府只提供基础性的服务，如法律、金融扶持。公共、集体、私人等多种成分的林业社会化服务组织使得瑞典的林业服务形成了多种形式共同发展、共同竞争、相互协调、相互补充的社会化服务体系。

同时，一些学者对林业社会化服务体系的子系统进行了研究。Dravnieks（1997）对林业社会化服务的子体系进行了研究，提出法制建设能对林业服务组织产生影响，能够促进和加快林业服务组织的发展。Aplet（1993）认为在可持续发展林业中，金融服务体系、保险体系的建设对林业社会化服务体系的构建至关重要。

2.3.3 述评

从以上的文献综述可以发现，目前，国外针对林业社会化服务体系的研究主要以社会化服务体系的服务组织建设为重点，他们认为政府在社会化服务体系构建中应担当引导者和保障者的角色，而合作组织、协会等私人组织是林业社会化服务体系建设的主力军，这也是对国有林区社会化服务体系建设的启示。国内针对林业社会化服务体系的研究具有以下特点：从研究方法的角度来看，研究者对林业社会化服务进行研究时，多数采用定性分析和简单的统计描述方法分析各服务主体社会化服务的供给情况、林农对各项社会化服务的需求意愿、林农对社会化服务的满意情况等，只有小部分研究利用计量模型、从跨学科维度对社会化服务相关因素进行了分析，对林业社会化服务体系的服务水平进行了客观的评价；从研究的地域范围来看，多集中于浙江、福建、江西、江苏、广西等少数省份，而针对国有林区的研究相对较少，这主要是由于林业社会化服务体系建设是作为集体林权制度改革的重要组成部分，随着林权改革的推进逐渐发展和完善起来的；从研究视角来看，大多数研究集中于宏观层面上，主要分析了相关的政府、市场、社会在林业社会化服务体系过程中的建设情况及其服务的供给情况，而针对服务的需求者的研究只局限于分析其需求意愿和满意度情况，而对服务需求者如何在社会化服务体系建设中贡献其应有的力量研究的较少；从研究结论的角度来看，多为政策性的对策建议，而对具体的各个服务机构应承担什么职责、如何保障服务主体能充分发挥作用、各服务主体如何协调补充没有做出明确的解答。本书将在诸多学者研究的基础上力图通过分析国有林区发展林下经济的社会化服务体系建设现状，研究国有林区职工家庭在发展林下经济过程中对各项社会化服务的需求意愿和对已获社会化服务的满意情况，进一步构建适合国有林区发展林下经济的社会化服务体系，为国有林区发展林下经济的社会化服务体系的完善提供借鉴。

2.4 本章小结

生计、林下经济和社会化服务体系是本书研究的关键主题词，本章梳理并回顾了国内外关于这些问题的研究现状，文献综述要点如下。

(1) 从"可持续生计"的概念提出到现在已经有20多年的历史了。可持续生计是以一种发展的眼光看待一个传统问题，也因此得出了一些新思路和新方法，这就为更好地解决生计问题奠定了理论基础和政策依据。但是，运用可持续生计框架对国有林区职工家庭生计问题进行分析的文献还不多见。

(2) 国内外学者都对林下经济生产活动影响因素以及生产效率进行了研究，也都提到政府管理、相关政策实施及相关服务部门的重要影响。国外学者对非木质林产品的研究似乎都主要集中在发展中国家，他们很注重非木质林产品的可持续利用和价值评估。国内学者则着重于对各地方林下经济的发展状况进行研究，然后从政府、资金、市场、政策、相关服务部门、技术等方面提出相应的改进措施。对于林下经济产业的研究也主要集中在林下经济项目的可持续评价以及产业布局上，没有专门对林下经济产业升级的研究。

(3) 国外对林业社会化服务体系的研究主要以社会化服务体系的服务组织建设为重点，他们认为政府在社会化服务体系构建中应担当引导者和保障者的角色，而合作组织、协会等私人组织是林业社会化服务体系建设的主力军，这也是对国有林区社会化服务体系建设的启示。国内针对林业社会化服务体系的研究具有以下特点：从研究方法的角度来看，多数采用定性分析和简单的统计描述方法；从研究的地域范围来看，多集中于浙江、福建、江西、江苏、广西等少数省份，而针对国有林区的研究相对较少；从研究视角来看，大多数研究集中于宏观层面上；从研究结论的角度来看，多为政策性的对策建议，而对具体的各个服务机构应承担什么职责、如何保障服务主体能充分发挥作用、各服务主体如何协调补充没有做出明确的解答。

第 3 章　相关概念界定与可持续生计理论

3.1　相关概念界定

3.1.1　林下经济

林下经济作为林业改革的一个新生事物,对它的定义到现在还没有统一的规定,国内学术界持有不同的观点。主要有以下 3 种观点。

第一种观点,强调林下经济是一种生态农业模式,是一种复合生产经营,经营范围包括林下养殖、林下种植、相关产品采集加工(李瑞盟等,2012;翟明普,2011;罗金丁,2011;刘美丽,2007)。

第二种观点,强调林下经济是依托整个森林生态环境,而不单单是林地资源,经营范围除了包括林下种植业、养殖业和采集业外,还涵盖了森林旅游业(王志新,2017;贾治邦,2011;吴志文,2011;张东升和于小飞,2011)。

第三种观点,认为林下经济就是利用森林独特的资源与环境条件,并且与森林生态系统融为一体,所开展的各类非木质林产品的生产活动,如利用林缘、林窗、林隙地的种植业或养殖业,以及利用独特森林环境的旅游、休闲、采摘、狩猎等产业都属于林下经济的范畴。它主要强调林下经济是进行各类非木质林产品的生产活动(中国林业产业重大问题调研组,2011)。

在国外,没有关于"林下经济"这一提法,与之相对应的是非木质林产品(non-timber forest product)或者非木材林产品(non-wood forest product)。对于非木材林产品的定义,它是指在利用森林中或任何类似用途的土地基础上,生产的所有可以更新的产品,如植物及植物产品、动物及动物产品、菌类和生态景观及生态服务等。对于非木质林产品的定义,它是指在以森林资源为核心的生物群落中,获得的能满足人类生存或生产需要的产品与服务。这些产品与服务包含植物类产品,如野果、药材和菌类等;动物类产品,如野生动物的蛋白质、昆虫产品等;服务类产业,如森林旅游等(Mahapatra and Mitchell,1997)。

每种定义关于林下经济包含的范围都不一样。从表 3-1 可以看出,第一种观点与非木材林产品的观点更为相似。第二种观点、第三种观点与非木质林产品的观点更为相似。本书对林下经济的研究仅限于林下种植业、林下养殖业、林下采集业,以及林下经济产品加工销售企业,但不包含森林旅游业。

表 3-1　林下经济定义包含范围对比

观点	包含范围
第一种观点	林下养殖、林下种植、相关产品采集加工
第二种观点	林下种植业、养殖业、采集业和森林旅游业
第三种观点	林下种植业、林下养殖业、旅游、森林休闲、采摘、狩猎
非木质林产品观点	植物类产品、动物类产品、服务类产业
非木材林产品观点	植物及植物产品、动物及动物产品、菌类和生态景观及生态服务

综合各种观点可以看出，林下经济具有几个特点：第一，它始终与"林"相关，不管是林地、林缘，还是林荫、林冠、林隙，它都是在这些基础上发展起来的。第二，它充分利用了林地中的各种资源，不管是林地、林木，还是整个林内空间，实现了资源共享，协调发展。第三，它的本质是一种生产活动，更加强调经济属性。

本书基于自身研究的角度，认为林下经济就是在充分利用林地资源、林荫优势或者林地空间的基础上，进行林下种植、林下养殖、林下采集，以及林下经济产品加工的生产活动。

3.1.2　林下经济产业

产业是一个常用的概念，也是一个模糊的概念，在中文里，它与"工业""行业""部门"等概念通用。从逻辑学角度来讲，它是一个集合的概念，也就是说，产业是指具有同一属性企业的集合体。根据不同的研究目的，产业具有不同的特定含义（芮明杰，2005）。

林业产业是指以森林资源为基础，以获取经济效益为目的，以技术和资金为支撑，有效进行组织生产和提供各种物质、非物质产品的行业（董岳，2009）。它的覆盖面广、产业链条长、产品种类多，同时还具有经济效益、生态效益和社会效益，包含了木材产业、花卉产业、油茶产业、经济林产业，等等。林下经济产业作为林业产业中的一部分，在具有林业产业的一些相同特质的同时，又具有自己的特点。两者的相同点就是它们都是以森林资源为基础，通过技术、资金、人力的投入，进行有效组织生产的。不同点就是最后生产的产品不一样，林下经济产业生产的产品包含在林业产品中。

本书基于自身研究的需要，认为林下经济产业的内涵就是以森林资源为依托，以科技和资金为手段，通过合理有效组织，进行林下经济产品生产的企业或者个体集合的总和。本书中的林下经济产品包括林下种植、林下养殖、林下采集及加工类的产品，不包含森林旅游类的产品。例如，木耳、蘑菇等食用菌类产品,平贝、五味子、人参等药材类产品以及山野菜类产品都属于林下经济产品范畴。

3.1.3 职工家庭

本书中的"职工家庭"是指以森工企业职工为主的职工家庭,主要包括在岗职工、退休职工以及由于实行天然林保护工程等被森工企业下岗分流并已脱离了森工企业的原职工。森工企业的职工实质为产业工人,即从事林业产业的工人。由于黑龙江国有林区的特殊性,国有林区的职工有别于南方集体林区的林农和农民,职工依靠不同工种(如森林抚育、森林防火等)的劳动从林业局获取报酬,同时在时间和精力允许的情况下,他们可以通过从事林下种植、林下养殖等相关的家庭生产经营活动获取家庭经营收入。从职工家庭收入的结构来看,其主要包括林业局工资性收入、政府财政补贴、其他经营收入,其中,林业局工资和退休金是林区职工年收入的主要来源,因此他们对林业局的依赖性较大(朱洪革等,2014a;韩雪和耿玉德,2014;姜雪梅和徐晋涛,2011)。从享有的社会化保障制度来看,他们享有养老保险、医疗保险、失业保险、工伤保险,同时还可以获取政府发放的最低生活保障金和专项补助金等。

3.1.4 社会化服务体系

"社会化服务"是在我国农村开始推行家庭联产承包责任制这一大背景下应运而生的。1983 年的中央一号文件首次提出了"社会化服务"这一概念,同年一篇发表在《人民日报》的文章首次提出了"农业专业化服务"这一概念。1984 年和1986 年的中央一号文件提出了"社会服务""商品生产服务体系""生产服务社会化",之后又出现了"系列化服务""一体化服务"等相关提法。1990 年《中共中央、国务院关于一九九一年农业和农村工作的通知》中第一次提出了"农业社会化服务体系"这一概念。而林业社会化服务是在农业社会化服务的基础上演变而来的,自 2003 年 6 月《中共中央、国务院关于加快林业发展的决定》以后,2004 年中央一号文件、2009 年中央一号文件、党的十七大、十七届三中全会相继提出了关于加快集体林权制度改革进程的要求。林权改革后,林农成为林业的经营主体,这极大地激励了林农进行林业生产经营的积极性。但是随之而来的矛盾也产生了,林权改革后以家庭为单位的小规模林业生产经营主体与规模化、产业化、社会化的大市场之间的矛盾日益凸显,迫切地需要专业的林业社会化服务体系来解决这一矛盾,因此,我国林业社会化服务体系是随着林权改革的推进而逐步建立和完善起来的。林业社会化服务体系是指为促进林业向现代化方向发展而提供的产前、产中和产后服务的总和（孔凡斌等，2017；廖文梅等，2016；蔡志坚，2010；包庆丰和王剑，2010；孔祥智等，2009；孔凡斌，2008；冷清波，2007；冯彩云，2006；钟艳和谷梅，2005；刘德弟等，2001）。林业社会化服务体系主要包括服务主体、服务对象、服务内容、服务供给模式。服务主体是指提供社会化服务的相关组织；服务对象是指社会化服务的需求者，具体来讲，即林业生产的主体；服务内容是指林业生产者在林业生产经营过程中产前、产中、产后所需的技术服务、信息服务、资金服务等；服务供给模式是指服务供给主体将相关的服务通过有效的方式传递到服务的最终使用者手中，使服务供给与需求有效对接的模式。

本书研究国有林区发展林下经济的社会化服务体系是林业社会化服务体系的细化。综合前文诸位学者的研究，结合国有林区实际情况，本书将国有林区发展林下经济的社会化服务体系界定为根据林下经济发展的客观要求，以从事林下经济活动的职工家庭的需求为导向，为职工家庭提供其生产过程中所需的技术、信息、资金、经营指导、市场营销等系列服务的服务供给主体（政府、林业局、林业专业合作组织、龙头企业、科研教育单位及其他社会力量等）所形成的相互联系、相互补充的组织方式。本书中简称为"社会化服务体系"。

3.2 可持续生计理论

3.2.1 可持续生计提出的背景

"可持续生计"概念是 20 世纪末在国际上流行起来的一个概念，最早见于 20 世纪 80 年代末世界环境与发展委员会的报告。自此，凡是研究贫困、可持续、生计系统和多样性以及参与的重要性，都会采用可持续生计途径。20 世纪 90 年代中期，国际上一些发展研究机构、非政府组织提出针对解决农村扶贫等多样性和多元性农村发展问题的生计途径。1992 年，联合国环境与发展大会将此概念引入行动议程，主张把稳定的生计作为消除贫困的主要目标。1995 年，哥本哈根社会发展世界峰会和北京第四届世界妇女大会进一步强调了可持续生计对于减贫政策和发展计划的重要意义。在过去几年时间里，以 DFID 为代表的发展研究机构和非政府组织提出了包括概念、分析框架和原则的可持续生计途径，并在发展中国家进行了可持续生计途径大量实践活动，发表和出版了一系列论文和专著。目前，国际发展组织、联合国发展项目组织、英国国际发展机构等多家组织在研究农村可持续发展时均广泛采用可持续生计这一基本方法和途径。

3.2.2 生计的含义

"生计"在英语词典里的含义是维持生活的手段和方式。许多研究贫困和农村发展的学者认为"生计"概念有其丰富的含义,"生计"这个词比工作、收入和职业有着更丰富的内涵和更大的外延,更能完整地描绘出贫困人口生存的复杂性,更利于理解贫困人口为了生存安全而采取的策略(黄建伟,2011)。因此,生计定义的界定为进一步研究和实践生计途径奠定了基础。

但在目前,被大多数学者采纳的定义是:生计是谋生的方式,该谋生方式建立在能力、资本(包括储备物、资源、要求权和享有权)和活动基础之上。该定义的重要特征是将资本作为影响生计的重要因素之一,即资本会影响行为主体的谋生方式从而创造差异化的收入水平。

Sen(1998)把能力看作为人能够生存和做事的功能。进一步来说,人具有自然属性和社会属性,应该拥有充足的营养和健康身体,还应该获得相应的经济和社会地位。在 Sen 定义的能力范畴内,Chambers 和 Conway(1992)概括了生计中能力的几种表现形式:在一定生存环境中,个人处理胁迫和冲击的能力,发现和利用机会的能力。对于外界负面变化,这些能力不仅仅是被动的,而且是主动的和适应性的互动。能力的引入扩大了生计概念的范畴,不再仅仅关注食物和收入等物质要素,还重视人本身能力的发展。但有学者认为能力这个概念与资本和活动概念语意重叠,混淆了过程和结果。

从科学研究的逻辑来看,生计研究的起点是生计的概念化。在研究过程中,生计概念的厘清是一个持续不断的过程。由于研究兴趣和目标不一致,不同的学者对生计概念的理解存在差异,因此给出的定义也是不完全相同的。例如,强调农村生计多样化的研究中给出的生计定义包括资本(自然的、物质的、人力的、金融的和社会的资本)、行动和获得这些权利(受到制度和社会关系的调节),这一切决定了个体层面生活资源的获取(Ellis,2000);强调生计的可持续性研究给出的生计定义是生计由生活所需要的能力、资本(包括物资资源和社会资源)以及行动组成。

分析上述几种生计定义,虽然表述方式不同,但是生计的核心部分是相同的,即资本、权利和行动等生计组成要素是一致的。不同的学者和机构逐渐对资本组成的分类达成共识,这样即使每个人给出的定义不完全相同,也能对不同的生计途径进行比较交流。对于生计的概念和定义,应当认识到生计的概念和定义要素并不是一成不变的,而是随着时间演进变化的。生计中的资本既会积聚,也会损耗,还会短时间地完全被破坏。影响生计的制度和政策的外部环境以及社会和经济发展趋势也能影响生计策略的选择和生计活动的实施。

3.2.3 可持续生计的含义

在此基础上，可持续生计是指人们拥有优先发展自己生计的能力。这个概念被广泛应用于讨论贫困和环境关系的研究中。Chamber 和 Conway（1992）认为，可持续生计是指个人或家庭为改善长远的生活状况所拥有和获得的谋生的能力、资本（物质的和社会的资源）和有收入的活动。只有当一种生计能够应对，并在压力和打击下得到恢复；能够在当前和未来保持乃至加强其能力和资本，同时又不损坏自然资源基础时，这种生计才是可持续性的。Scoones（1998）认为实现不同生计策略的能力依赖个人拥有的物质和社会资本与有形和无形资本。最终，可持续生计定义为：某一个生计由生活所需要的能力、资本以及活动组成，如果能够应付压力和冲击且恢复，并且在不过度消耗其自然资源基础的同时维持或改善其能力和资本，那么该生计具有持续性。

3.2.4 可持续生计概念的价值

可持续生计概念提出的价值在于以下几点。

1. 赋予了以人为本的思想

可持续性生计方法将人放在发展的中心位置，即以人为本。这种对人的关注，不仅在微观或者社区的层次上很重要，而且在更高的层次上也同样重要，尤其考虑到如何实现诸如脱贫、经济改革或是可持续性发展等目标时。在实践中，这就意味着可持续性生计方法必须注意以下几点：一是要从分析人们的生计及其如何随时间变化来入手；二是要让人们充分地参与，并尊重他们的观点和意见；三是关注不同的政策和制度对人们以及人们自身所定义的生计范围的影响（而不是对资源或整体产出本身的影响）；四是强调影响那些政策和制度的重要性，促使贫困人口自己确定脱贫议程，关键步骤是贫困人口自己参与政治活动；五是支持人们实现自身的生计目标。只有当来自外部的支持（即来自家庭以外的支持）是适应目前的生计策略、社会环境和适应能力的工作方式时，才能实现可持续生计这个目标。人是最需要获得优先考虑的对象，而不是他们所利用的资源，也不是为他们服务的政府。坚持这一原则可以很好地为资源管理和优化政策提供支持。

2. 强调可持续性

该概念更着眼于整体性、动态性、综合性和发展性。一般地，可持续性可从两个层次来理解。一是从生计的可持续性理解，包括以下含义：①在面对外部的自然灾害和社会经济动荡的情况下,是可恢复的。②不依赖于来自外部的支持(如果有依赖,其所依赖的支持本身也应该在经济和机制上是可持续的)。③能够保持自然资源的长期可生产性。④不破坏他人的生计,或者说不损害他人的生计选择。二是对可持续性系统的环境、经济、社会和制度等方面进行区分:①环境的可持续性,使维持生活的自然资源的可生产性得到保存并获得提高,以使后人可以利用。②经济的可持续性,使消费能在一段时间内保持在一定的水平。对于贫困人口的生计来说,要获得经济的可持续性,就要使他们的经济福利基本水平得以维持和满足。③社会的可持续性。针对弱势群体的排斥和社会歧视降低到最低,并能在最大限度上实现社会平等。④制度的可持续性。使社会主导的机构和运作机制有能力长期、持续地发挥他们的功效。要满足所有以上方面的可持续性生计是很少的。可持续性是一个最重要的目标,虽然可持续性发展的过程是可以评估的,但是,完全的可持续性发展可能是永远无法达到的预期目标。

3. 强调了发展能力

生计的持续性就是通过统筹利用各类生计资本的生计策略获得持续发展的能力。这种持续性包括生计策略创造有益就业的能力、抵御风险的能力、恢复生计的能力、获得主流接受和公平性得到保证的能力等,取决于各类生计资本在特定生计策略下应对自然的、社会的、经济的、政治的等多种风险的情况下能通过资本组合获得更大的资本积累。

根据当前中国的实际情况,以及本书要讨论的是林区职工家庭的生计,因而本书对职工家庭可持续生计的定义是:职工家庭运用其所有生计资本,能够实现家庭生活的正常运转,并在失衡状况下可抵御外界压力和冲击进而恢复并维持生计。

3.3 可持续生计框架

近年来一些国外组织和研究者发展了多个生计分析框架。例如,Scoones(1998)所提出的可持续生计分析框架;Bebbington(1999)所提出的以资本和能力为核心,综合分析农户生计、脆弱性和贫困的框架;Ellis 所提出的生计多样性分析框架,国际非政府组织凯尔国际所提出的以基本需要和权利为基础的生计途径等。这些生计分析框架以人的资本和活动为中心,从多个角度来理解贫困,并提供了一些综合解决方案,因而也得到了世界银行和许多非政府组织的倡导。

在众多生计分析框架中,英国国际发展署(DFID)的可持续生计分析框架使用最为广泛、最具有影响力。DFID 可持续生计分析框架(图 3-1)是用一个二维平面图来展示生计构成核心要素及要素间的结构与关系,虽然简单的二维图形不能完全和详细展示框架各部分之间的互动联系和反馈关系,但是,从这个框架中可以看出，制度和政策等因素造就的风险性环境，引发了生计资本性质的改变，从而影响了决策主体采用生计策略的类型，进一步导致差异化的生计结果。

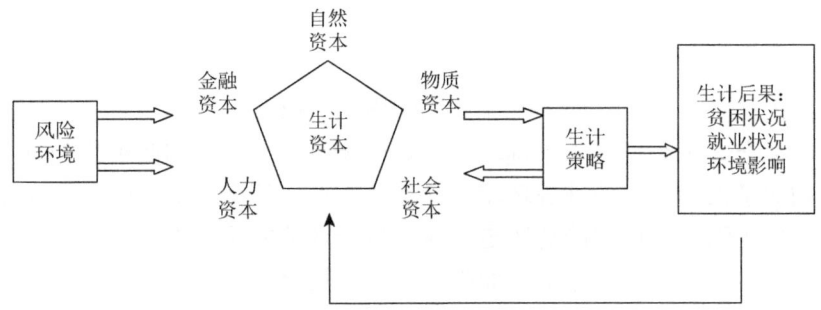

图 3-1　DFID 可持续生计分析框架

可持续性生计框架显示出了影响人们生计的主要因素以及它们之间的典型关系。框架以人为本。它的运作方式不是线性的，也不试图去代表现行的模式。其目标是帮助持不同愿景的相关群体，持续而有组织地讨论影响生计的多种因素、各种因素的相对重要性以及它们之间的互动方式。反过来，这将有助于识别出恰当的切入点以支持生计的发展。该框架最简单的形式，是将人视为在一个脆弱的环境背景中生活运转。在此背景下，他们可以获取某些资本或者一些减少贫困的因素。他们依靠进入主流的社会环境、制度环境和组织环境来实现他们的人生意义和人生价值，这种环境也会对生计策略产生影响。

但是，框架的形式并不意味着任何的生计分析都要从风险环境开始，然后经过一系列排列组合和相互作用，最后产生生计后果。这种分析过程不是必然的。生计的形式和状况，是由各种不同的力量和因素所决定的，而这些力量和因素本身也处在不断地变化中。因此，以人为本的分析，在开始时往往要同时调查、研究人们的资本、谋生的目标（即力求实现的生计成果）以及为此所采用的生计策略。框架中所示意的各种互动关系，还有其他一些影响生计的互动关系并没有在框架中反映出来。例如，如果人们觉得自己的生计不那么脆弱了（作为生计后果的一个方面），往往会选择少生孩子。这将会影响人口的变化趋势，从而改变生计风险环境（脆弱性环境/背景）的状况。

因此，可持续生计框架包括五种资本（自然资本、物质资本、金融资本、人力资本和社会资本），用于从事不同的生产生活活动从而追求某一种生计策略。该框架中，各类资本的可及性或可获取性及其利用都受社会因素（村级组织、乡规民约、权属及宗教信仰等）、外在趋势和冲击（经济环境的变化、政策变动或自然灾害）的制约。社会组织和机构在决定家庭是否有条件利用不同的资本、采取不同的策略和实现不同的结果中起到很关键的作用。该框架特别强调社会组织和社会过程的作用。

可持续生计框架的具体含义如下。

1. 风险环境

生计由许多因素组成并受众多因素的影响。人们生活在某一个特定的环境中，此环境往往会给一个社区带来逐渐的变化和突然的冲击，因此被称为风险环境。该环境构成了人们生存的外部环境。该环境主要由社会经济、政治、人口、自然环境、气候等因素的历史趋势决定。这个风险环境的重要性在于它直接影响着老百姓拥有资本的状况以及他们所面临的选择和机会，因此间接影响着他们生活生产所取得的结果。

2. 生计资本

在此框架内，它不仅包括金融财产（如存款、土地经营权、生意或住房等），还包括个人的知识、技能、社交圈、社会关系和影响其生活相关的决策能力。在 DFID 可持续生计分析框架中，生计资本包括自然资本、物质资本、金融资本、人力资本和社会资本五种类型。

自然资本是描述自然资源存量的术语，泛指生计的资源流及相关的服务。这种自然资本又可分为无形的公共资本（大气、生物多样性等）和有形可分的直接用于生产的资本（土地、树木等）以及生态服务。一个地方自然资源基础的贫富决定了人们面临的风险和不确定性。很多毁坏贫困人口生计的冲击本身就是削减自然资本的过程（火灾毁坏森林、洪水和地震破坏土壤），同时季节性多源于长期自然资本生产力或价值的一种改变。

物质资本包括用以维持生计的基本生产资料和基础设施，其意义在于提高贫困人口的生产力。生产资料是指人们为了提高生产效率所使用的设施，往往通过租赁或有偿服务市场被个人或集体所拥有。基础设施一般指无偿使用的公共物品，用于维持生计和提高生产力。

金融资本指在消费和生产过程中人们为了生计所需要的积累和流动。这里主要指金钱，但往往其他的实物也能起到钱的积累和交换作用。可以看出，这里的定义并不仅仅是指经济学上的范畴，原因在于它包括流量和存量两个部分，并有助于生产和消费。

人力资本指个人所拥有的用于谋生的知识、技能以及劳动能力和健康状况，它们能够使人们去追求不同的生计手段并达到相应的生计目标。在家庭层面上，这种人力资本水平取决于家庭劳动力的人数、家庭规模、技能水平以及健康状况等因素。人力资本的内在价值在于它能更好地利用其他 4 种生计资本，从而取得积极的生计结果，因此它是最为基础的生计资本。

社会资本指人们为了追求生计目标所利用的社会资源，如社会关系网和社会组织（宗教组织、亲朋好友和家族等），它包括垂直的（与上级或者领导的关系）和水平的（与有共同利益的人）社会联系。社会资本的作用是增强人们的相互信任和相互之间的合作能力，并使其他机构对他们的需求给予更及时的反应。

3. 生计策略

生计策略就是追求持续生计的一系列行动和方法。换言之，生计策略也就是资本组合和应用的方法。人们为了改善自身的生计条件，在支持发展或限制发展的制度环境下，综合能够使用的资本，追求能带来效益的生计产出。生计策略对这些人们来说就是可以共享的资源了。

4. 生计后果

生计后果就是系列生计策略的效果或结果，包括贫困状况、就业状况、环境影响。生计后果可能是可持续性的，也可能是不可持续性的。

3.4 本章小结

本章界定了研究中的重要概念并阐述了可持续生计理论。林下经济是在充分利用林地资源、林荫优势或者林地空间的基础上，进行林下种植、林下养殖、林下采集，以及林下经济产品加工的生产活动。职工家庭是指以森工企业职工为主的职工家庭，主要包括在岗职工、退休职工以及由于实行天然林保护工程等被森工企业下岗分流并已脱离了森工企业的原职工。森工企业职工实质为产业工人，它有别于南方集体林区的林农和农民，职工依靠不同工种（如森林抚育、森林防火等）的劳动从林业局获取报酬，同时在时间和精力允许的情况下，他们可以通过从事林下种植、林下养殖等相关的家庭生产经营活动获取家庭经营收入。

"可持续生计"概念是 20 世纪末在国际上流行起来的一个概念，最早见于 20 世纪 80 年代末世界环境与发展委员会的报告。某一个生计由生活所需要的能力、资本以及活动组成，如果能够应付压力和冲击且恢复，并且在不过度消耗其自然资源基础的同时维持或改善其能力和资本，那么该生计具有持续性。

第4章 林下经济产业发展及产业升级
——以黑龙江省为例

4.1 林下经济产业发展总体状况

鉴于数据资料的可获得性，本节以黑龙江省森工林区为例描述林区林下经济产业发展状况。黑龙江省森工林区主要为小兴安岭林区。

4.1.1 林下资源概况

黑龙江省森工林区是全国最大的国有林区和森林工业基地，森林经营总面积1005万hm^2，林区人口170万。广袤的林海深处蕴藏着丰富的野生动植物资源，其中有山野菜、山药材等寒温带野生植物2000余种，熊、林蛙、梅花鹿等野生动物500多种。林冠下食用菌储量也非常丰富，已开发的有山野菜、木耳、蘑菇、人参、刺五加、五味子、鹿茸、蜂王浆等山副特产品。表4-1为黑龙江省森工林区林下经济产品生产区域布局及基地建设数量。其中，食用菌种植、山野菜采集、山野果采集、野猪养殖以及五味子种植这五种林下经济产品的生产区域是分布最广的；在生产基地方面，食用菌种植基地和山野果采集基地数量最多，都是10个。

表 4-1 黑龙江省森工林区林下经济产品生产区域布局及基地建设数量

生产区类别	产品	生产区域（林业局）	基地数量
林下种植	食用菌	金山屯、铁力、南岔、新青、五营、绥阳、柴河、东京城、苇河、亚布力、方正、沾河、清河、桦南	10
	蓝莓	五营、双丰、友好、乌伊岭、带岭、绥棱、清河	4
	人参	沾河、方正、亚布力、穆棱、八面通、东京城、迎春	4
	西洋参	方正、穆棱、东京城	2
	五味子	双丰、桃山、柴河、林口、沾河、亚布力、清河、山河屯、穆棱、鹤立、桦南、迎春	6
	平贝	红星、桃山、海林、苇河、亚布力、方正、绥棱、沾河	4
林下养殖	禽类	友好、柴河、东京城、绥阳、大海林、方正、苇河、桦南、清河、迎春	5
	野猪	乌马河、八面通、绥阳、林口、亚布力、方正、绥棱、东方红、桦南、清河	5

续表

生产区类别	产品	生产区域（林业局）	基地数量
林下养殖	蜂产品	东方红、迎春、方正、苇河、兴隆、林口、柴河	4
	林蛙	柴河、大海林、亚布力、方正、兴隆、沿河、东方红、迎春、鹤北	5
	狐貉	东京城、东方红、绥棱、方正	2
林下采集	山野菜	朗乡、大海林、绥阳、东京城、苇河、绥棱、沿河、东方红、鹤北、桦南	5
	山野果	五营、友好、金山屯、乌伊岭、山河屯、绥棱、沿河、柴河、东京城、林口、清河、桦南、迎春、鹤北、鹤立	10
	野生药材	红星、海林、苇河、兴隆、沿河、清河、东方红	4

4.1.2 林下经济总产值情况

黑龙江省森工林区林下经济总产值2003~2013年整体上一直随着时间推移在增加（表4-2），特别是2011~2013年这三年，增速尤为明显，产值由2011年的140500万元增加到2013年的616523万元，增加了3.39倍。这里的林下经济总产值只包括第一产业中经济林产品的种植与采集、花卉的种植、陆生野生动物繁育与利用以及第二产业中非木质林产品加工制造业两者的总产值，不包括第三产业中的林业旅游与休闲服务产值。从表4-2中还可以看出，2003~2013年林下经济总产值占林业总产值的比例整体上也是逐年上升的，并在2012年和2013年分别达到了8.55%和12.45%。说明林下经济在不断发展，其在林业产业中的地位越来越高。

表4-2 黑龙江省森工林区2003~2013年林下经济总产值

年份	林下经济总产值/万元	林业总产值/万元	林下经济总产值占林业总产值的比例/%
2003	39960	1373765	2.91
2004	47140	1514657	3.11
2005	53668	1636524	3.28
2006	80227	1820460	4.41
2007	89200	2160680	4.13
2008	100518	2450449	4.10
2009	137021	2968920	4.62
2010	137972	3440190	4.01
2011	140500	3897045	3.61
2012	377442	4414494	8.55
2013	616523	4952635	12.45

资料来源：《中国林业统计年鉴》（2004~2014）。

4.1.3 主要林下经济产品产量情况

黑龙江省森工林区各类经济林产品、中药材、食用菌、山野菜、年末大牲畜存栏数以及年末家禽存栏数这六种主要产品的产量虽然都有个别小的波动,但总体上几乎处于增长趋势,侧面反映出市场对于林下经济产品的需求是不断增加的。其中,各类经济林产品产量在2013年和2012年较2011年分别增长了181.71%和164.73%,增幅较明显;2013年年末大牲畜存栏数较2012年增长了76.92%;其他几类产品,如中药材、食用菌也在2013年有小幅度的增加,分别增长了39.66%和5.96%;而山野菜以及年末家禽存栏数则呈减少趋势(表4-3)。

表4-3 黑龙江省森工林区2003~2013年几种重要林下经济产品产量

年份	各类经济林产品/t	中药材/t	食用菌/t	山野菜/t	年末大牲畜存栏数/万只	年末家禽存栏数/万只
2003	11561	3403	2300	6026	12	223
2004	12728	8312	10996	12686	20	345
2005	48054	5538	22568	16025	16	362
2006	25781	7062	51920	15945	34	342
2007	20855	5598	35038	18056	21	328
2008	18753	6450	35965	9634	20	318
2009	16932	5446	50748	9372	11	228
2010	22469	5696	59590	15119	18	339
2011	51427	23351	66193	32019	29	507
2012	136142	28371	77970	38081	26	654
2013	144876	39624	82616	35218	46	519

资料来源:《中国林业统计年鉴》(2004~2014)。

4.1.4 林下经济产业集聚情况

根据《中国林业统计年鉴》(2004~2014)的统计数据,运用产值区位商的方法对黑龙江省森工林区林下经济产业集聚水平进行测算。产值区位商用来衡量一个地区中某产业的相对集中度。产值区位商的值大于1,表明专业化程度高,它的值越大,产业专业化程度越高。反之,产值区位商的值越小,专业化程度越低。林下经济产业产值区位商的计算公式如下:

林下经济产业产值区位商=(黑龙江省森工林区林下经济产业产值/黑龙江省森工林区林业总产值)/(全国林下经济产业产值/全国林业总产值)

测算结果表明（图4-1），黑龙江省森工林区虽然在2012年和2013年这两年的产值区位商值有所提升，但整体值都小于1，最高只达到0.5，说明黑龙江省森工林区的林下经济产业专业化程度较低，且明显低于全国平均水平，这意味着黑龙江省森工林区林下经济产业集聚效应较差，产业需要升级。

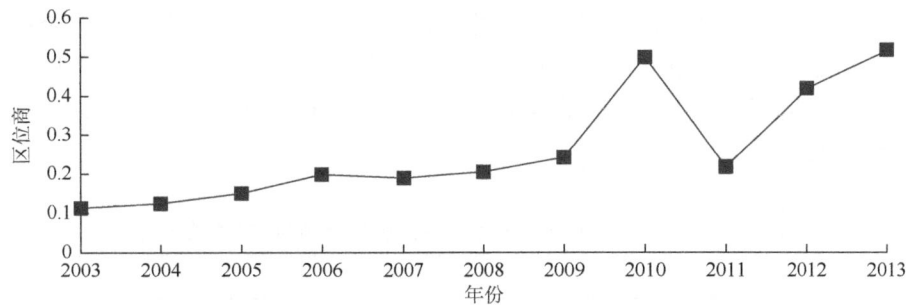

图4-1 黑龙江省森工林区2003～2013年产值区位商趋势图

4.1.5 林下经济产业加工布局及企业情况

1. 林下经济产业加工布局情况

林下经济产业包含种类很多，生产产品的品种丰富。从表4-4可以看出，禽类产品加工主要分布在友好、大海林和迎春林业局。蜂系列产品加工分布在东方红、迎春、兴隆、绥棱林业局。食用菌产品加工分布在绥阳、柴河、清河、亚布力、苇河、兴隆、绥棱、大海林、桦南林业局。山野菜加工分布在苇河、大海林、柴河、兴隆林业局。山野果加工分布在五营、清河、鹤立、山河屯林业局。两参系列加工和北药加工分别分布在穆棱林业局和新青林业局。每个地区都有自己发展优势的产业。

表4-4 黑龙江省森工林区林下经济产业加工布局情况

加工产业类别	地点分布（林业局）
禽类加工	友好、大海林、迎春
蜂系列产品加工	东方红、迎春、兴隆、绥棱
食用菌产品加工	绥阳、柴河、清河、亚布力、苇河、兴隆、绥棱、大海林、桦南
山野菜加工	苇河、大海林、柴河、兴隆
山野果加工	五营、清河、鹤立、山河屯
两参系列加工	穆棱
北药加工	新青

2. 林下经济产品加工销售企业情况

2007~2013 年,黑龙江省森工林区山野菜加工销售企业的数量一直在减少,2013 年企业数量是最少的,但是从产量来看,却是连续几年来效益最好的一年,说明生产技术有一定的提升(表 4-5)。食用菌加工销售企业主要是加工木耳、菇类等产品,近年来企业数和产量基本稳定,变动不大。而药材加工销售企业发展比较不稳定,企业数量和产量一直上下不定。从表 4-5 中不难看出,食用菌的企业规模和产量都是最大的,这也符合黑龙江省森工林区的森林资源条件和林下经济发展情况。

表 4-5 黑龙江省森工林区山野菜、食用菌以及药材加工销售企业情况

年份	山野菜		食用菌		药材	
	企业数/个	产量/t	企业数/个	产量/t	企业数/个	产量/t
2007	50	6313	1635	46236	18	173048
2008	74	16147	1287	106924	18	368062
2009	70	11206	1628	92892	41	47641
2010	72	13048	1226	80560	39	16812
2011	65	21254	1249	69530	23	7869
2012	41	7521	1229	70748	19	7981
2013	36	14678	1242	75320	22	8180

资料来源:黑龙江省森林工业总局多种经营统计报表(2008~2014 年)。

根据黑龙江省森林工业总局多种经营统计报表(2008~2014 年)的统计数据,对林下经济产品加工销售龙头企业情况进行分析。从图 4-2 可以看出,龙头企业产值一直在逐年增加,从 2010 年开始增速较为明显,截止到 2013 年产值达到了 237787 万元,比 2007 年产值增长了 108.91%,翻了一番。但是产值的快速增长并没有给利润带来快速增长,从图 4-2 中可以看出,2013 年和 2012 年的利润总额持平,说明在产值增长的同时成本也在相应提高。龙头企业应该进一步提高

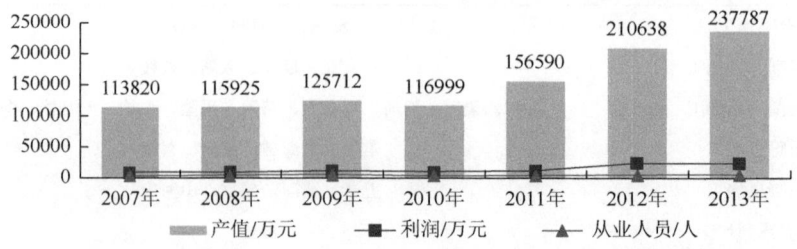

图 4-2 黑龙江省森工林区林下经济产品加工销售龙头企业情况

生产效率，不断创新，以得到更多的利润空间。此外，从图 4-2 中还可以看出，龙头企业的从业人员数量在这些年中基本保持相对稳定。

4.1.6 林下经济资金投入来源情况

近些年来，黑龙江省森工林区大力发展林下经济，对林下经济活动投入的资金数额也在逐年增长（表 4-6），尤其是 2012 年，林下经济资金投入总金额突破了 10 亿元，比 2011 年的金额增长了 42.57%，2013 年也保持高速增长，相对前一年增长了 14.55%。从资金来源情况可以看出个人投资的比例一直占资金总额一半左右，所占比例最大，这可能是因为现在林下经济产业都还是以第一产业为主，并且经营主体大多是职工家庭。其次就是银行贷款和企业投资，最少的是国家投资。国家投资总额虽然在 2011~2013 年这三年一直增速最快，但是在量上还是远不及其他投资，国家应针对林下经济产业发展进一步加大投资力度，毕竟林下产业现在还处于刚起步阶段，需要国家大力扶持。总的来说，不难看出林下经济产业越来越受到重视，但是存在的问题还是不容忽视，国家和银行对林下经济生产活动的资金和金融方面支持力度还是不够大，需要进一步加强。

表 4-6 黑龙江省森工林区 2007~2013 年林下经济资金投入来源情况

（单位：万元）

年份	国家投资	企业投资	银行贷款	个人投资	合计
2007	2082	5728	11235	41049	60094
2008	3467	4456	12018	32490	52431
2009	1030	1670	13141	31553	47394
2010	570	1534	12187	37197	51488
2011	200	9286	26366	41119	76971
2012	400	23833	31074	54427	109734
2013	720	36574	27748	60661	125703

资料来源：黑龙江省森林工业总局多种经营统计报表（2008~2014 年）。

4.1.7 林下经济扶持政策情况

根据各地出台的林下经济发展政策，本书对各地林下经济扶持政策进行了梳理，发现政府主要从财政、金融、税收和科技及基础设施四个方面对林下经济生产活动进行扶持（国家林业局农村林业改革发展司，2013）。各省采取的财政扶持政策的主要做法有设立专项资金、补助以及奖励的方式；金融扶持政策主要有贴息贷款、林下经济保险、林权贷款的方式；税收扶持政策有减免增值税、减免所得税、减免印花税的方式；科技及基础设施扶持政策的做法有依托组织技术培训和与院校研究所合作进行的科技扶持及林下基础设施的建立。本书将黑龙江省与几个省（自治区）出台的有关林下经济扶持政策进行了对比，具体情况如表4-7所示。从表中可以看出，黑龙江省对林下经济扶持政策实施的方式略显单一，财政扶持政策没有设立专项资金，金融扶持政策只有贴息贷款的方式，没有林下经济保险和林权贷款。关于税收扶持政策则一项都没有，据调查，科技扶持仅以职工家庭参与科技培训的方式为主。对于林下经济基础设施的建立也同其他大部分省份一样没有涉及。黑龙江省森工林区应该借鉴其他地区对发展林下经济的扶持经验，不断完善林下经济扶持政策体系。

表4-7 主要省份具体扶持政策对比

省（自治区）	财政扶持政策			金融扶持政策			税收扶持政策			科技及基础设施扶持政策	
	设立专项资金	补助	奖励	贴息贷款	林下经济保险	林权贷款	减免增值税	减免所得税	减免印花税	科技扶持	基础设施建立
广西	√	√		√			√			√	
福建	√	√		√	√		√		√	√	√
浙江	√	√	√	√	√			√		√	
江西	√		√		√			√		√	
山西	√	√		√	√					√	√
广东		√	√			√		√			
江苏	√		√		√						
河北	√	√		√					√		
海南	√	√				√					
辽宁	√	√	√	√		√				√	√
甘肃		√									
黑龙江		√	√	√						√	

注："√"表示有相关政策，空白表示无相关政策。

4.2 林下经济产品加工销售企业发展林下经济的调查分析

4.2.1 调查数据来源

研究数据来源于2014年7~8月对黑龙江省森工林区林下经济产品加工销售

企业的实地调查。调查样本的选择采用分层随机抽样的方法，即先通过典型抽样，在黑龙江省森工林区选择 6 个林业局（县）。然后，在每个林业局选择 2~3 个林下经济产品加工企业，对其进行问卷调查。共发放 18 份问卷，最终获得有效样本 16 个，问卷有效率为 88.89%，样本分布情况如表 4-8 所示。

表 4-8　林下经济产品加工销售企业样本分布情况

所属林业局	样本个数/个
乌马河	3
绥棱	3
清河	2
友好	3
苇河	2
绥阳	3

4.2.2　样本企业的基本情况

调查发现（表 4-9），大多数企业的成立时间都较晚，除了翔禾山特产品有限公司成立时间比较长以外，其他公司大多是 2000 年以后成立的，其中 2000~2009 年成立的有 9 个企业，2010 年及以后成立的有 6 个企业，说明林下经济产品加工销售企业发展较晚。在 16 个企业中，企业经营面积小于等于 1hm^2 的有 6 个，1~5hm^2 的有 7 个，大于等于 5hm^2 的有 3 个。企业年销售收入小于等于 500 万元的有 10 个，500 万~1000 万元的有 4 个，大于等于 1000 万元的有 2 个。同时，从表 4-9 还可以看出，属于龙头企业的有 10 个，其中属于国家级龙头企业有 2 个，省级龙头企业有 1 个，市级龙头企业 5 个，县级龙头企业 2 个。企业生产的产品主要有蓝莓、鹿产品、药材类以及食用菌类的产品。

表 4-9　企业基本情况

企业名称	成立时间	企业经营面积/hm^2	销售收入/万元	生产产品品种	龙头企业级别
恩党	2007 年	0.13	130	鹿产品	国家级
丽珍	2011 年	0.09	500	蓝莓果干	—
云园	2007 年	6.50	600	蓝莓果汁、松子、山野菜	国家级
四丰	2009 年	4.20	200	黑木耳、山野菜、五味子	市级
泓泰	2011 年	6.40	480	万寿菊颗粒	—

续表

企业名称	成立时间	企业经营面积/hm²	销售收入/万元	生产产品品种	龙头企业级别
永贞	2011 年	0.38	300	林蛙保健品	—
久久	2006 年	1.00	1000	五味子饮料	—
欧瑞	2007 年	6.00	1640	蓝莓果汁	—
广川	2011 年	1.30	300	饮料	—
恒泰	2003 年	4.24	600	野猪肉	市级
鑫宇	2006 年	2.50	554	木耳、野猪肉	市级
翔禾	1998 年	0.30	500	菌类、人参、干果	市级
金屯	2010 年	1.50	35	保鲜类山野菜	县级
满江	2010 年	0.03	92	蕨菜、木耳、蜂蜜	县级
江越	2004 年	2.25	689	蓝莓产品	省级
宏野	2005 年	0.50	200	蓝莓果干	市级

注：为表述方便，表中的企业名称是简写，下同。

4.2.3 调查结果分析

1. 产品没有竞争力且存在滞销

调查发现（表 4-10），林下经济产品加工销售企业的品牌优势并不明显，不具有省级以上品牌产品的企业有 7 个，大约为总数的一半。产品通过国际质量认证的企业也较少，只有 7 个企业通过了国际质量认证，占 43.75%；没有通过国际质量认证的企业有 9 个，占 56.25%。同时，一部分林下经济产品加工销售企业生产的产品销往领域面对的是本地市场，省内以及本地区占 37.50%，销往全国的占 50%，销往国外的占 12.50%。

表 4-10 林下经济产品加工销售企业产品情况

项目	企业个数/个	占比/%
有省级以上品牌产品	9	56.25
没有省级以上品牌产品	7	43.75
通过国际质量认证	7	43.75
未通过国际质量认证	9	56.25

第 4 章 林下经济产业发展及产业升级——以黑龙江省为例

续表

项目	企业个数/个	占比/%
产品销往黑龙江省大小兴安岭地区	2	12.50
产品销往黑龙江省（除大小兴安岭地区）	4	25.00
产品销往全国（除黑龙江省）	8	50.00
产品销往国外	2	12.50

根据调研数据，分别计算了 16 家林下经济产品加工销售企业的产品销量与产品产量比，具体比例情况如图 4-3 所示。其中有 6 个企业的销量占产量比例为 100%，即当年生产的林下经济产品全部销售出去了，有 8 个企业销量占产量比例低于 90%，其中最低的为 59%，大多集中在 70% 左右，说明企业生产的一部分林下经济产品存在滞销的情况。总体来说，林下经济产品加工销售企业的产品品牌意识还不够强，产品竞争能力差。

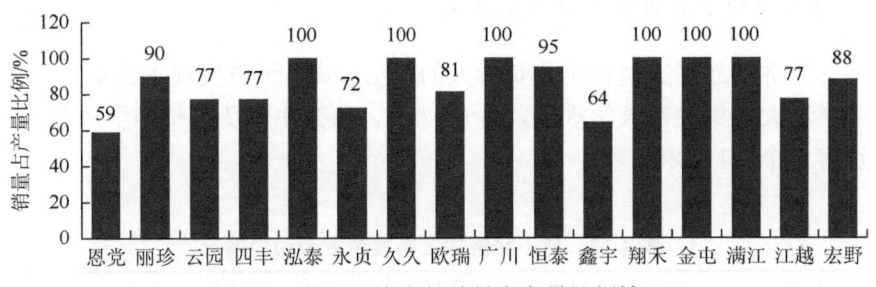

图 4-3 林下经济产品销量占产量比例情况

2. 技术和研发水平不高

调查发现（表 4-11），总体上林下经济产品加工销售企业的技术水平还有待提高，获得省级高科技企业的个数只有 6 个，只占 37.50%。林下经济产品加工销售企业的研发水平整体上一般，仍然有 6 个企业没有设立研发部门，占 37.50%；有 10 个企业设立了自己的研发部门，占 62.50%，其中，有 1 个企业拥有省级以上的研发中心。

表 4-11 技术与研发水平情况

项目	企业个数/个	占比/%
未获评省级高科技企业	10	62.50
获评省级高科技企业	6	37.50
没有研发部门	6	37.50
有研发部门	9	56.25
有省级以上研发中心	1	6.25

大多数企业的设备利用率也都没有达到最好的状态。调查发现（图 4-4），有 5 个企业的设备利用率没有达到 60%，说明需要提高企业的生产技术水平，提高设备利用率。总体来说，林下经济产品加工销售企业的技术和研发水平都需要进一步提高。

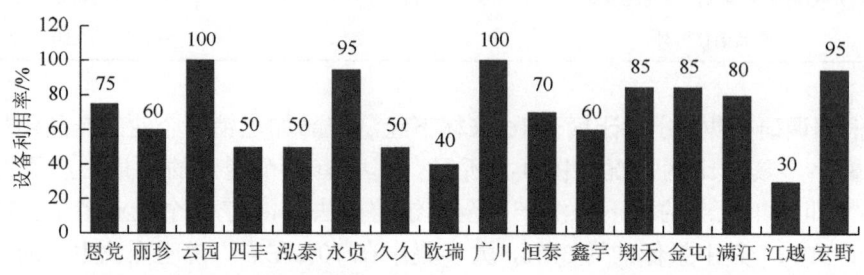

图 4-4　林下经济产品加工销售企业设备利用率情况

3. 企业规模小且员工文化程度不高

林下经济产品加工销售企业负责人的学历较高。调查发现（表 4-12），企业负责人的学历大多集中在大学水平，占 68.75%，研究生学历、初中学历和高中学历的分别有 1 个、1 个和 3 个。

表 4-12　林下经济加工销售企业劳动力情况

企业名称	负责人学历	员工年平均人数/人	员工年平均工资/元
恩党	大学	163	13000
丽珍	大学	142	18000
云园	大学	38	20000
四丰	大学	54	18000
泓泰	大学	35	36000
永贞	大学	25	11000
久久	大学	42	30000
欧瑞	研究生	30	30000
广川	初中	52	20000
恒泰	大学	54	15000
鑫宇	大学	54	15600
翔禾	高中	20	24000

续表

企业名称	负责人学历	员工年平均人数/人	员工年平均工资/元
金屯	高中	25	15000
满江	高中	116	20000
江越	大学	203	18000
宏野	大学	40	38000

林下经济产品加工销售企业的员工人数总体上不多，员工人数最多的企业有203人，100~200人的也只有3个企业，另外有12个企业员工人数都在50人左右或50人以下，从职工人数就可以看出很多企业规模不大。

查阅2014年《中国林业统计年鉴》，黑龙江省森工林区林业企业在岗职工年平均工资为19453元。从表4-12可以看出，林下经济产品加工销售企业员工的年平均工资在19453元以上的企业刚好占50.00%，还有50.00%的企业员工年平均工资没有达到整个森工林区在岗职工年平均工资水平。总体来看，林下经济产品加工销售企业规模较小，企业员工整体文化程度不高。

林下经济产品加工销售企业员工的整体文化程度不是很高。调查发现（图4-5），在企业员工中大专及以上学历的人数不多，所占比例不高。其中，有4个企业达到40%以上，其他企业大多集中在10%~20%。

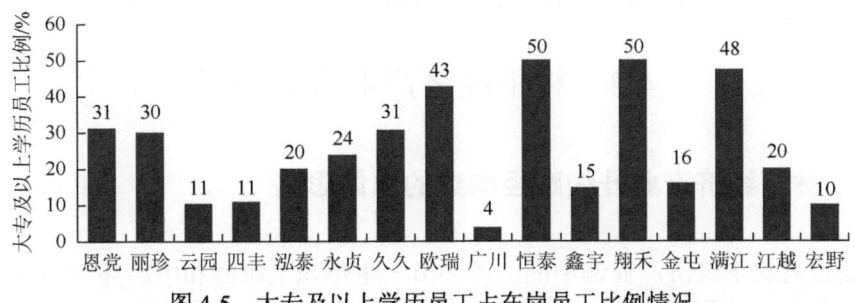

图4-5 大专及以上学历员工占在岗员工比例情况

4. 政府对企业扶持力度不大

由于林下经济产品加工销售企业总体上起步较晚，也正处于刚起步阶段，政府对其进行大力扶持十分必要。调查发现（表4-13），大多数企业享受到1~3项政策，企业个数为10个。其中，在享受到的优惠政策中，政府资金扶持是最多的，有5个企业表示享受到了该项政策，占31.25%。此外，还有企业表示其在基地建设土地流转服务、厂房用地优惠、产品销售服务和出口补贴等方面享受过优惠政策。总体来看，政府对于林下经济产品加工销售企业的扶持力度不大。

表 4-13 政策扶持情况

企业名称	政府资金扶持	金融信贷扶持	用水用电价格优惠	基地建设土地流转服务	厂房用地优惠	产品销售服务	税收优惠	扶持项目资助	出口补贴	提供出口信息	提供法律援助
恩党											
丽珍											
云园	√										
四丰	√	√	√	√	√	√	√	√	√	√	√
泓泰									√		
永贞											√
久久					√	√					
欧瑞				√		√					
广川			√								
恒泰							√				
鑫宇	√	√									
翔禾											
金屯	√										
满江											
江越	√								√		
宏野											

注:"√"表示有相关政策扶持,空白表示没有相关政策扶持。

4.3 林下经济产业升级路径

4.3.1 林下经济产业升级路径构建的总体思路

通过对林下经济产业链中的上游环节—主体职工家庭和中游环节—主体林下经济产品加工销售企业的调查分析,发现目前存在很多问题。产业链的升级路径有很多,本书借鉴产业链延伸、产业链拓展、产业链整合的思想构建林下经济产业升级路径,其总体思路如图 4-6 所示。从图 4-6 中可以看出,林下经济产业链的延伸主要是站在林下经济产品加工销售企业的角度,使其前向后向发展。林下经济产业链拓展主要是强调职工家庭和林下经济产品加工销售企业基于自身角度出发,不断完善和提高自身价值,向更优状态发展,从而实现各自的拓展。林下经济产业链整合强调职工家庭和林下经济产品加工销售企业这两个主体通过以基地或者合作社为中介进行相互合作实现产业升级。

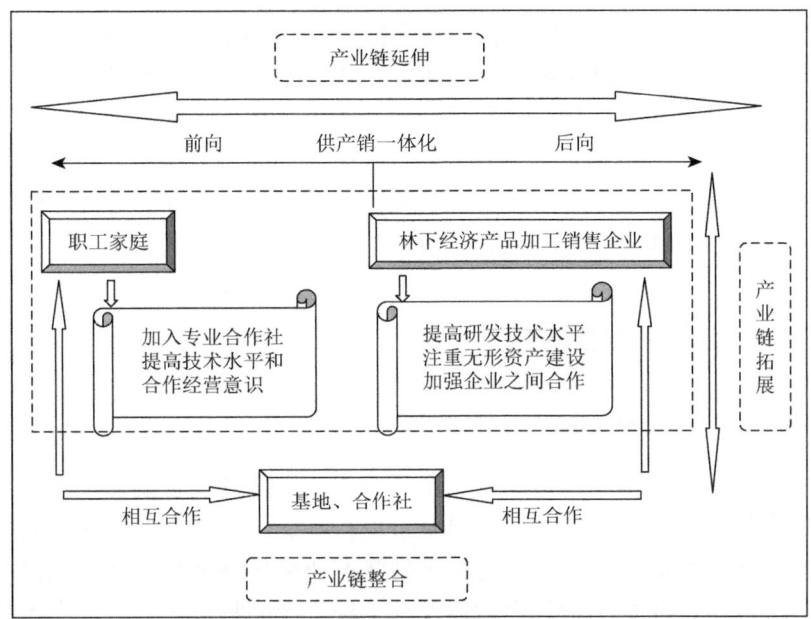

图 4-6　林下经济产业升级路径

4.3.2　林下经济产业链延伸

1. 林下经济产业链延伸的含义

产业链的延伸，包括两个方面：一是向产品原材料生产部门的前向发展，一是向产品销售运输部门的后向发展。通过前向和后向发展使整个产业链条得到延长，强调长度的增加。林下经济产业链的延伸，指的就是林下经济产业链中的每个环节依靠自身实力沿着产业链条方向，向其他环节发展的过程。具体包括上游环节向中游环节和下游环节发展，中游环节向上游环节和下游环节发展，下游环节向上游环节和中游环节发展；林下经济产品原材料生产部门向加工销售部门的延伸，加工销售部门向原材料生产部门和产品运输物流部门的延伸，运输物流部门向产品加工销售部门延伸。本书基于自身研究角度，对林下经济产业链延伸的研究仅限于从林下经济产品加工销售企业的角度进行分析，并且分析那些有一定经济基础和实力雄厚的龙头企业，因为它们具有一定的条件进行延伸。

2. 林下经济产业链延伸的具体路径

建立自己的原材料供应基地是林下经济产品加工销售企业向前延伸的方式，成立自己的物流部门属于向后延伸的方式。在实地调研过程中，企业反映生产所用的像木耳、蓝莓这些加工原材料的采购价格高,质量也不好。对于这样的情况,有实力的企业可以建立林下经济产品生产所需的原材料供应基地,如木耳或者蓝莓等林下经济产品原料基地,自行进行林下种植、林下养殖或者林下采集。积极地引进先进的生产技术和生产人才,培育品质优良的生产原料,保证生产原料的高质量和及时供应。成立林下经济产品物流部门,做好产品的分发、配送、流通工作,保证产品能够及时安全地到达消费者手中,加快流通。

4.3.3 林下经济产业链拓展

1. 林下经济产业链拓展的含义

产业链的拓展是指产业链中每一个环节质量的提升。强调每一个环节分别作为独立的个体,通过一定的方式使自身价值得到提升,从而使整体产业链宽度增加。本书基于自身研究角度,认为林下经济产业链拓展就是指在产业链中的职工家庭、林下经济产品加工销售企业以及林下经济产品物流企业这三个主体通过自身价值不断地提升,从而实现整个产业质量提升的过程。本书基于自身研究角度,只对职工家庭和林下经济产品加工销售企业这两个主体进行研究,所以对于林下经济产业链拓展的研究从这两方面展开。

2. 林下经济产业链拓展的具体路径

1)职工家庭拓展具体路径

(1)加入林下经济专业合作社。职工家庭发展林下经济在一定程度上是有风险的,根据实地调研的结果,有些职工家庭当年的林下经济收入为亏损状态,生产的产品也存在由于价格太低或者质量问题而滞销的情况,并且有87.67%从事林下种植和林下养殖的职工家庭表示生产经营存在风险。从这些可以看出,职工家庭的抗风险能力较弱。林下经济专业合作社能够为职工家庭提供从事林下经济活动所需的各种信息,如木耳、蓝莓种植原材料采购过程中的价格信息以及质量信息,生产过程中种植木耳、药材或者养殖林蛙、蜜蜂等技术信息,销售过程中林下经济产品的销售价格信息、市场需求信息以及向金融机构贷款信息和政府相关扶持政策信息。职工家庭应该主动积极地加入林下经济专业合作社,利用好林下经济专业合作社提供的各项林下经济生产活动信息,不断提高自身的抗风险能力,从而提高林下经济收入。

(2)提高技术水平和合作经营意识。在实地调研过程中,职工家庭对自己的林下经济生产技术大多没有信心,有81.21%的职工家庭表示自身的林下经济生产技术不好或者一般,平时对林下经济生产技术信息关注程度也较低,经常关注的户主不多，只占 25.77%。总体上看，职工家庭林下经济生产技术水平差。所以，职工家庭应该经常主动关注关于林下经济生产技术的信息，如蓝莓、木耳、五味子的种植技术信息，蜜蜂、鹿、林蛙的养殖技术信息。积极参加林业局或其他组织举办的各种林下经济产品生产技术培训活动，努力提高自身林下经济生产技术水平。同时，职工家庭合作经营意识不强，进行林下经济生产活动大部分是自行生产经营的，进行合作经营的很少。调查发现，林下种植和林下养殖两者加起来总的合作职工家庭共是 10 户，仅占 6.49%。在面对林下经济生产风险大的情况下，职工家庭可以采取联户经营的方式，实行风险共担、收益共享，一起进行林下经济生产活动，降低经营风险。平时多向周围发展较好的林下经济生产大户讨教经验，学习他们优秀的生产经验和销售经验，努力提高自身的经营意识。此外，还应该积极关注当地政府或林业局发布的关于林下经济生产活动的相关政策信息，及时了解林下经济发展动态，提高自身的风险防范能力。

2) 林下经济产品加工销售企业拓展具体路径

（1）提高研发和生产技术水平。研发水平决定着一个企业的产品创新程度，生产技术水平决定着一个企业的生产效率高低。根据调研资料分析，林下经济产品加工销售企业研发能力薄弱，有些企业没有成立专门的研发机构，高科技企业所占比例也较少，同时企业的生产效率低，设备利用率也低。对于研发能力的改进，林下经济产品加工销售企业应该成立专门的产品研发部门，注重自主研发能力的建设。并且当前林下经济产业处于刚起步阶段，很多林下经济产品雷同现象严重，如市场上有很多品牌的蓝莓果干、蓝莓酒以及黑木耳等，进行林下经济产品创新十分必要。

对于生产效率的提升，林下经济产品加工销售企业应该引进先进的生产设备及高水平技术人才，积极向相关领域发展好的企业学习，学习他们先进的生产经验，改善自身不足，努力提升企业的生产技术水平。同时，企业应该积极寻求与各高校以及相关科研机构的合作机会，建立长期的合作关系，共同研发新产品、新技术，努力提升林下经济产品的附加值，将先进的生产技术应用到实际生产中。

（2）注重无形资产建设。企业的无形资产主要包括人力资源、品牌、企业文化等。根据调研资料分析，在林下经济产品加工销售企业中，企业员工的总体文化程度不高，高素质人才所占比例较少。林下经济产品加工销售企业可以通过两方面来进行人力资源的建设：第一是外部引进，即通过有吸引力的优越条件积极引进外部高技术、高学历人才。第二是内部发展，即通过定期组织各种专业知识的培训学习，提升现有人员素质。同时，建立公平的奖励制度，对平时绩效较好的员工进行奖励，积极引导员工不断提升自身水平。

通过调研资料分析，发现林下经济产品加工销售企业现在总体品牌意识不强，有将近一半的企业没有省级以上品牌，品牌没有特色，要在竞争激烈的市场中具备一定的竞争优势,必须要拥有具有一定竞争力的品牌。林下经济产品加工销售企业应该打造具有自身特色的品牌,平时通过网络、报纸、电视等新闻媒介加大对企业品牌的宣传,提高品牌知名度,从而扩大市场。

此外,林下经济产品加工销售企业应该建立良好的企业文化,良好的企业文化是企业发展重要的无形推动力,使企业员工有着相同的价值观,积极为企业发展做贡献。林下经济产品加工销售企业平时也要注重将企业文化融合在企业品牌建设中。

(3) 加强企业之间合作。林下经济产品加工销售企业间不应该只有竞争关系,相互合作反而能够增加各自的利益。各企业之间应该进行积极的互动,建立长久合作关系,加强相同产业之间的联系程度。林下经济产品加工销售龙头企业可以凭借自身的实力优势,营造新的利润空间。中小企业要学习龙头企业好的做法,进行模仿、加工生产,让龙头企业带动中小企业共同发展,形成林下经济产业集群。另外,中小企业之间也积极展开多种合作方式,如共同研制开发林下经济新产品、开拓新的市场建立生产供应链,形成合作竞争机制,在技术开发、融资、市场营销方面实行网络化的互动与合作,增强整体的竞争力。

4.3.4 林下经济产业链整合

1. 林下经济产业链整合的含义

产业链是由很多环节相互组成的,它们相互独立的同时又相互依赖,少了其中一个环节整个产业就难以维持,所以各个环节应该加强相互之间的合作关系。产业链的整合指的就是产业链中各个环节进行相互协调合作,它不同于产业链的延伸和拓展,前两者比较强调各个环节靠自身能力进行发展,而产业链整合强调各环节联合起来一同发展,合作是重点。林下经济产业链整合是指林下经济产业链中的上、中、下游主体进行合作发展,达到整个产业链质量升级。本书基于自身研究角度,仅限于对职工家庭和林下经济产品加工销售企业这两个主体进行林下经济产业链的整合。

2. 林下经济产业链整合的具体路径

林下经济产业链中的上中游环节的主体是职工家庭和林下经济产品加工销售企业,所以应该加强两者的合作。根据调研资料分析,在林下种植和林下养殖中,职工家庭与合作社、基地、企业合作的户数三者加起来才有10户,只占总数的6.49%;同时职工家庭的产品还存在滞销的情况,林下经济产品加工销售企业也反映对林下经济生产原材料采购不满意,如木耳的价格偏高、蓝莓质量不够好,等等。解决这些问题,加强两者的合作经营是一种很好的方式。合作模式有:"企业+大户+职工家庭""企业+基地+职工家庭"和"企业+合作社+职工家庭"。

"企业+大户+职工家庭"强调发展林下经济活动较好的大户带动周边的职工家庭与企业直接合作。因为大户对于林下经济市场信息以及林下经济生产技术方面都有很好的掌握，产品质量有较好的口碑，与企业对接较容易，由大户带动周边小户能够更加紧密地与企业合作。"企业+基地+职工家庭"强调林下经济生产基地为链接纽带，职工家庭与企业之间签订协议，职工家庭在生产基地进行林下经济产品的种植、养殖或者采集生产，为林下经济产品加工销售企业提供优质的林下经济产品生产原材料。"企业+合作社+职工家庭"强调合作社的作用，企业与合作社之间签订林下经济产品购买协议，合作社再与职工家庭签订收购协议，集中收购职工家庭生产的各类林下经济产品。

4.3.5 林下经济产业升级保障措施

对于林下经济产业的升级，仅仅靠林下经济产业链中各环节主体的努力是不够的，还需要产业链外其他第三方组织机构（政府、金融机构和科研机构）的积极配合才能得以顺利升级。加上林下经济产业现在还处于刚起步阶段，更加需要第三方组织机构的大力扶持，所以本章从第三方组织机构的角度提出保障措施，以使林下经济产业更好地发展。主要从资金、技术、市场以及组织引导四个方面进行扶持及引导。

1. 加大资金扶持力度

资金问题一直是困扰职工家庭和林下经济产品加工销售企业的重要问题。根据调研数据，有58.9%的职工家庭反映从事林下经济生产活动的资金渠道不通畅，并且在银行贷款太难，利息太高，额度太低。政府给予补贴太少或没有补贴，163户职工家庭中，只有6户职工家庭享受到生产活动补贴，并且补贴较少。同时，政府对林下经济发展没有设立专项扶持资金，所以应该从财政政策和金融政策两个方面来加强资金的扶持力度，改善资金难题。

（1）财政扶持政策方面。政府应该强化已有的财政扶持政策，首先建立林下经济发展专项资金，对发展前景较好的林下经济项目给予优先重点扶持。对职工家庭进行林下经济生产活动给予适当的金额补贴，如优惠提供种植木耳、灵芝、天麻所需的菌材，对养殖林蛙、鹿和禽类动物进行补贴等。对林下经济产品加工销售企业购买生产设备，研发林下经济新产品、新项目给予金额补贴，生产用电用水、土地使用等方面给予价格优惠。其次加大奖励的力度，对林下经济发展较好的职工家庭和林下经济产品加工销售企业给予现金奖励，提高其积极性。同时对林下经济产品实施减免税收政策。

（2）金融扶持政策方面。对于金融扶持政策，应该不断优化林下经济金融服务体系。寻求与银行进行合作的机会，搭建银林协作平台，根据实际情况设计开发涉林信贷产品，降低职工家庭进行林下经济生产活动贷款的门槛，延长贷款期限，减免贷款利息，为其提供金融信贷支持。对于林下经济产品加工销售企业应加大贷款贴息力度，建立信用担保机构，成立针对林下经济产品加工销售企业融资的转型基金，不断完善企业所需的各类金融服务。成立林业中小企业担保公司、定期召开银企交流会，积极协调，帮助其解决融资问题。将林下经济产业纳入林业保险范畴，出台相关保障林下经济发展的险种。

2. 强化技术水平支撑

实地调研中，职工家庭对于自己的生产技术大多没有信心，有81.21%的职工家庭认为自己的生产技术不好，希望相关部门能够多提供技术培训。同时，林下经济产品加工销售企业的技术水平较为落后，设备利用率低下，研发水平也不高，技术方面的信息来源太少。所以政府和科研机构可以在技术方面对职工家庭和林下经济产品加工销售企业给予一定的支持，加强技术方面的服务。

对于提高林下经济技术服务，政府可以从以下三方面入手。

（1）成立专门林下经济技术服务咨询部门，为职工家庭和林下经济产品加工销售企业生产经营活动中所遇到的问题提供咨询帮助。

（2）制定林下经济技术保障政策，加大相关林下经济技术知识的宣传，定期组织职工家庭和林下经济产品加工销售企业进行技术学习培训，邀请专业技术人员和相关专家举办先进的技术知识讲座，提高职工家庭的技术关注度以及技术水平，让新的生产技术应用到实际生产中去，对林下经济项目中存在的一些难以解决的关键技术环节及时提供技术支持。

（3）创立技术信息交流中心，定期举办交流会。鼓励林下经济产品加工销售企业之间、职工家庭之间以及林下经济产品加工销售企业与职工家庭之间进行技术沟通交流。

科研机构应积极加强与职工家庭和林下经济产品加工销售企业的合作，定期指导职工家庭进行林下种植、养殖生产活动，与林下经济产品加工销售企业共同研发新产品和新技术。科研机构提供先进的林下经济科技人才，企业提供实践平台，积极整合各项科技资源，将新技术和新产品的理论知识付诸实践，建立林下经济产品产前、产中、产后的技术服务体系。

3. 完善市场服务体系

根据实地调研结果，职工家庭进行林下经济生产活动的市场信息提供状态不理想，72.39%和 54.60%的职工家庭反映林下经济市场信息不通畅和市场信息存在不灵敏、反应滞后问题，市场价格掌握不好。同时，林下经济产品加工销售企业也反映生产原材料的采购价格过高、质量不好,林下经济产品存在滞销情况。对此,政府应该加强林下经济市场服务体系的建设。

首先,相关部门应该成立专门的林下经济市场信息调查小组,对林下经济产品生产所需的各种原材料的价格信息、产品销售价格、产品需求类型等进行调查,保证市场信息的准确性和及时性。其次,建立相关林下经济市场信息服务部门,为职工家庭和林下经济产品加工销售企业提供产品价格信息、产品销售信息,保证信息传递的通畅性。积极建立林下经济产品专业市场,实现林下经济产品规模化经营和更好的流通。最后,积极帮助职工家庭与当地相关林下经济产品加工销售企业签订产销协议,实行订单生产,节约中间成本,提高产品流通效率,增强双方的抗风险能力,同时保障林下经济产品的采购和销售渠道通畅。

4. 发挥组织引导作用

职工家庭经营的林下经济项目是否有林业局引导对其林下经济收入有着重要影响,但是实际生产经营中,经营项目有林业局引导的比例不到50%,应该积极发挥林业局的带头引导作用。再加上目前林下经济发展处于起步阶段,对于林下经济生产活动的积极性还不高,更加需要相关部门的引导。

首先,各级政府应该根据当地实际情况制定林下经济发展规划,将林下经济发展列入重要议程中,明确林下经济发展的目标、内容和任务,切实实施发展任务。成立专门的林下经济工作推进小组,合理分配各项任务,通过各部门协调合作,共同推进林下经济产业发展。其次,建立合理的奖惩制度,将林下经济发展工作成果纳入部门及个人年度工作考核中,对林下经济工作完成较好的部门及个人给予一定表彰和奖励,为林下经济发展做好监督,创造良好的发展环境。最后,建立林下经济示范典型,积极培育发展较好的林下种植和养殖大户,在资金、技术方面给予优先支持,带领周边职工家庭共同参与林下经济生产活动,从而形成合力。同时,重点培育一批具有高科技含量、市场竞争力强的林下经济产品加工销售龙头企业,做好带头作用,产生辐射,引导周边中小林下经济产品加工销售企业共同发展,从而形成规模效应。

4.4 本章小结

本章以黑龙江省为例研究林下经济产业发展和产业升级。主要研究发现如下。

(1) 目前黑龙江省森工林区林下经济产业仍然处于一个比较初级的状态,还存在许多问题,如林下经济产业整体专业化水平低下,且明显低于全国水平,集聚效应差;产业发展不稳定,林下经济产品加工销售企业的数量和产值都不稳定,尤其是山野菜和药材加工企业的数量波动较大。龙头企业的生产效率、产品创新、管理水平还有待于进一步改善。林下经济扶持政策实施的方式也略显单一,没有专项资金,缺乏完善的发展规划,基础设施建设不完善,国家和银行对林下经济活动资金和金融方面支持力度不够大。

(2) 林下经济产品加工销售企业主要存在以下问题:第一,企业的品牌意识还不够强,产品国际质量认证度不高,产品没有竞争力。第二,生产计划安排不合理,产品存在滞销。第三,企业技术水平和研发水平低,设备利用率低。第四,企业从业人员总体素质不高,企业规模小。第五,政府对林下经济产品加工企业的扶持力度不够,企业抗风险能力较弱。

(3) 提出了林下经济产业的升级路径,并构建了林下经济产业升级路径图。升级路径主要是从林下经济产业链的延伸、林下经济产业链的拓展以及林下经济产业链的整合三个方面提出的,同时阐述了林下经济产业链延伸、林下经济产业链拓展和林下经济产业链整合的含义。

(4) 根据林下经济产业发展中存在的问题,从政府、金融机构以及科研机构角度对林下经济产业发展提出了保障措施,以推动林下经济产业顺利升级。具体的保障措施有加大资金扶持力度、强化技术水平支撑、完善市场服务体系以及发挥组织引导作用四个方面。

第5章 职工家庭的可持续生计

5.1 职工家庭生计资本的特征及定量评估

根据 DFID 的可持续生计分析框架，林区职工利用一定的资本及资本的配置以实现所期望的成果或状况，从而满足他们的生计目标。可持续生计框架的核心是 5 种生计资本，即自然资本、物质资本、金融资本、人力资本和社会资本。本章首先利用调查数据对大兴安岭林区职工家庭的生计资本特征进行描述性分析，然后构建生计资本的评价指标体系，对大兴安岭林区职工家庭的生计资本进行定量评估。

5.1.1 职工家庭生计资本的特征

1. 自然资本特征

大兴安岭林区职工家庭拥有的自然资本包括耕地和林地。大兴安岭林区职工家庭所占用的耕地一般是源于 20 世纪 90 年代末期的"以农养林、熟化速生丰产林用地"，即开垦一些荒山荒地和疏林地以发展农业生产，种植粮食、蔬菜及其他经济作物（井月和朱洪革，2011）。这部分耕地大部分属于林地，并不享受农业的粮食直补政策。但也有一部分已经改变了其土地性质，即已完成了从林地到耕地的土地性质变更，林区职工家庭在这些耕地上种植粮食作物享受国家的粮食直补政策。但无论是林地性质的耕地还是农地性质的耕地，基层的森工林业局都要收取具有地租性质的土地使用费。黑龙江省大兴安岭林区职工家庭占用的林地包括两种情况：一种情况是拥有林地使用权和林木所有权；另一种情况是指职工经营管护的林地，即职工经营管护一片森林并可采集林下资源，但不拥有林地使用权和林木所有权（张大维，2011）。大兴安岭林区职工家庭所占用的林地一般是职工经营管护的林地。其中，22 户职工家庭拥有林地，占比约 19.0%；2 户职工家庭拥有耕地，占比约 1.7%；1 户职工家庭拥有林地和耕地，占比约 0.9%（表 5-1）。25 户职工家庭共计拥有 32 块土地。

表 5-1 大兴安岭林区职工家庭的自然资本

林区	总户数/户	有土地户数/户	有耕地户数/户	有林地户数/户	人均耕地面积/亩[①]	人均林地面积/亩
大兴安岭林区	116	25	2	22	0.31	109.26
山上林场	51	22	2	20	0.76	255.32
山下局址	65	2	0	2	0	8.14

①1 亩≈666.67m²。

虽然都是林区职工，但不是所有的职工都拥有可以发展农林业生产的土地，一般只有山上林场的职工有可能有耕地，虽然居住在山下局址的职工也有可能管护经营林地，但由于离家太远，林地基本没有发挥增加其收入的功能。调查中，将山上林场和山下局址家庭拥有的土地数量做了对比，发现山上林场的家庭拥有的土地数量明显高于山下局址。

本书分别以职工家庭拥有土地的面积和质量这两个指标来衡量自然资本。前者可以反映职工家庭使用的土地资源规模，后者可以反映土地资源的产出效率。由于土壤质量受地形、气候、灌溉条件、土壤习性、土地耕作技术和土地投入等多种因素影响，因此，对土壤质量的测量由样本户根据自身实际经验来评价（分为好、中、差三个等级）。从表 5-2 可以看出，职工家庭拥有的土地面积在 1000 亩及以上的有 14 户，占样本的 12%；职工家庭拥有的土地面积在 100~1000 亩的共有 5 户，约占样本的 4.3%；职工家庭拥有的土地面积在 100 亩及以下的共有 13 户，约占样本的 11.2%。18 户职工家庭的土壤质量为"好"，占样本的 15.5%；14 户职工家庭的土壤质量为"中等"，占样本的 12.1%。20 户职工家庭的地块与公路的距离小于等于 1km，占样本的 17.2%；6 户职工家庭的地块与公路的距离 1~3km，占样本的 5.2%；6 户职工家庭的地块与公路的距离 3km 以上，占样本的 5.1%。22 户职工家庭的土地坡度小于等于 15°，占样本的 19.0%，其土地利用率较高；4 户职工家庭的土地坡度在 15°~25°，占样本的 3.4%，3 户职工家庭的土地坡度在 25°及以上，占样本的 2.6%，其土地利用率较低。

表 5-2 职工家庭自然资本的基本特征

基本特征		频数/个	占比/%
土地规模	≥1000 亩	14	12
	100~1000 亩	5	4.3
	≤100 亩	13	11.2
土壤质量	好	18	15.5
	中等	14	12.1
	差	0	0

第 5 章 职工家庭的可持续生计

续表

基本特征		频数/个	占比/%
与公路的距离	≤1km	20	17.2
	1~3km	6	5.2
	3~5km	5	4.3
	≥5km	1	0.8
土地坡度	≤15°	22	19.0
	15°~25°	4	3.4
	≥25°	3	2.6

综上，大兴安岭林区职工家庭所拥有的自然资本主要是指占用土地资源，这些土地资源可以供职工家庭开展农林业生产。大兴安岭林区中居住在山上林场的职工家庭占用的林地面积较大，人均林地面积达到 255.32 亩。职工家庭占用的这些林地距离公路较近，且坡度不大。

2. 物质资本特征

物质资本包括用以维持生计的基础设施和生产资料。基础设施包括物质环境的各种改变，这些改变有助于人们满足基本需求，增加生产。生产资料是指人们用来更加有效地进行生产的工具和设备。本书中物质资本具体包括住房、耐用消费品以及生产性固定资产。

1）住房情况

调查结果显示，职工家庭拥有房屋数量主要在 2 套及以下，其中拥有 1 套房屋的比例最高，共计 102 户家庭，占到 87.9%的比例；拥有 2 套房屋，共计 11 户家庭，占到 9.5%的比例；没有房屋的，共计 3 户家庭，占到 2.6%的比例（表 5-3）。调查中，发现调查对象的房屋主要是砖混结构，共计有 60 户，占到 48.7%的比例；其次是砖木结构，共计 58 户，占 47.1%；而房屋为土木结构的比例很小，仅为 4.2%（图 5-1）。从图中可以得出，山上林场的房屋多为砖木结构，山下局址的房屋多为砖混结构，这主要表现为山上林场由于地形等原因多为自建砖瓦房屋，而山下局址则多为混凝土楼房。

表 5-3 调查对象家庭拥有房屋情况

房屋数量	山上林场/户	山下局址/户
0	0	3
1	42	60
2	9	2

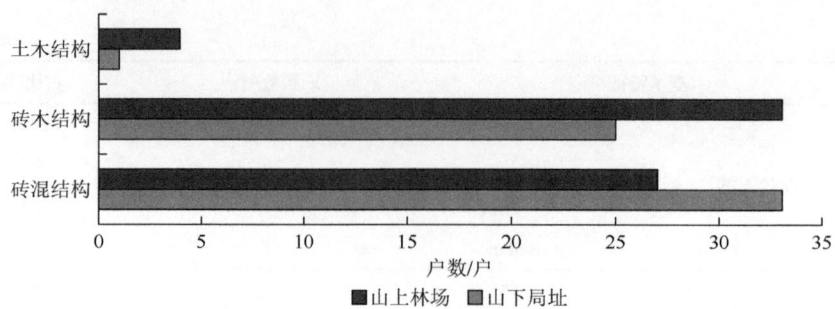

图 5-1　山上林场与山下局址住房结构图

大兴安岭林区职工家庭人均住房面积 16.4m^2，低于全国城镇人均 31.6m^2 和全国农村人均 34.1m^2 的水平；人均住房价值为 7298.7 元，低于全国农村人均 10791.8 元的水平。居住在山上林场的职工家庭人均住房面积 19.6m^2，人均住房价值 6825.7 元，与山下局址的职工家庭人均住房面积 10.5m^2、住房价值 5690 元相比，山上林场职工家庭的人均住房面积和人均住房价值都高于山下局址职工家庭。

关于职工家庭住户的建筑面积，本书进行了分类（图 5-2）。有 3 户家庭情况较特殊，属于低保户家庭，住房只能靠租赁，这对他们影响较大。调查的住户中，住房面积多数集中在 31~50m^2，共计 58 户，占 50.0%的比例；住房面积低于 30m^2 的共计 6 户，占 5.2%的比例；住房面积在 51~80m^2 的共计 36 户，占 31.0%的比例；住房面积高于 80m^2 的共计 13 户，占 11.2%的比例。

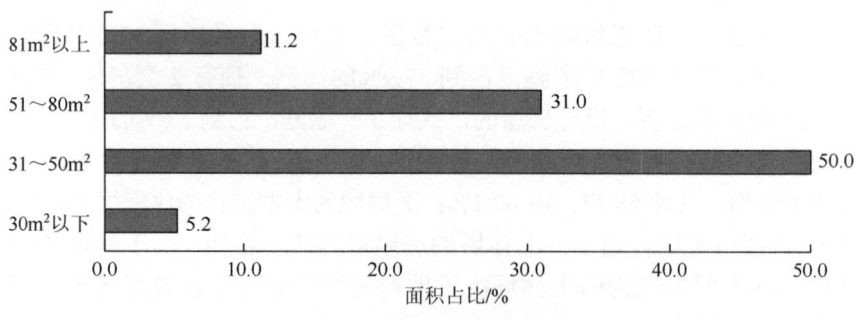

图 5-2　职工家庭建筑面积

职工家庭的人口居住情况（图 5-3）：职工家庭居住人口集中在 3 个人，在住房建筑面积为 31~50m^2 的房屋里，真正的使用面积又小于建筑面积，往往空间显得比较狭窄，住房问题较为严重。

关于住房，不仅是一个家庭问题，更是一个社会问题。在物质资本中，多数职工家庭拥有住房，极少数家庭住房靠租赁。

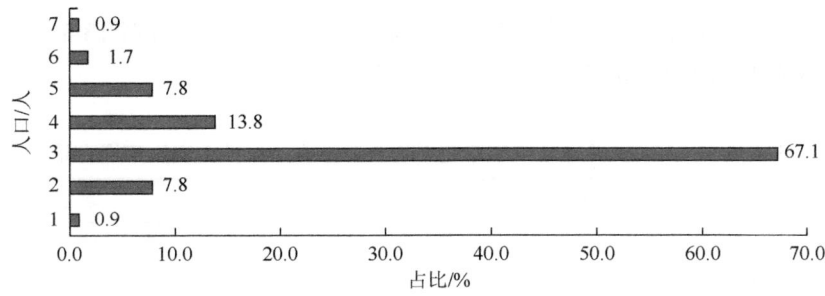

图 5-3 职工家庭人口居住情况

2）耐用消费品情况

与全国和黑龙江省相比，大兴安岭林区职工家庭在多数耐用消费品拥有量上高于黑龙江省农村水平但低于全国城镇水平。从调查结果来看，职工家庭中电视机、洗衣机以及电冰箱的占有率较大。虽然大多数家庭拥有这几样"大件"，但是研究发现，30.1%的家庭是在买房或装修房屋的同一年购买这些"大件"的。固定电话、手机作为信息沟通的重要工具，其拥有量比较大，基本上每个家庭都至少会有一种通信工具。家用计算机的价格相对较高，一般拥有电脑的家庭往往是子女在使用，一般子女处于20~30岁的家庭，拥有的可能性大。至于交通工具，有一部分家庭拥有摩托车，这主要归因为许多职工需骑车上班，如从山下局址往返山上林场（表5-4）。

表 5-4 大兴安岭林区职工家庭平均百户主要耐用品拥有量

指标名称	大兴安岭林区	全国		黑龙江省	
		城镇	农村	城镇	农村
洗衣机/台	85.34	96.12	57.32	93.60	82.60
电冰箱/台	72.41	96.61	45.19	86.30	54.00
空调/台	0.00	112.07	16.00	8.90	0.50
彩色电视机/台	100.86	137.43	111.79	109.20	109.40
摩托车/辆	48.27	22.51	59.02	8.30	52.90
电话/部	251.72	188.86	136.54	170.50	140.40
家用计算机/台	43.96	71.16	10.37	47.20	11.40

注：全国及黑龙江省的数据来源于《2012中国住户调查年鉴》。

3）生产性固定资产情况

大兴安岭林区每百户家庭拥有拖拉机1.8台，低于全国农村及黑龙江省农村的水平；拥有农用机具18.8台，低于全国农村水平但高于黑龙江省农村水平；拥有水泵 7.5 台，低于全国农村及黑龙江省农村的水平；拥有役畜 13.3 头，低于全国农村水平但高于黑龙江省农村水平（表 5-5）。

表 5-5 大兴安岭林区职工家庭平均百户主要生产性固定资产拥有量

指标名称	大兴安岭林区	全国农村	黑龙江省农村
拖拉机/台	1.8	22.8	69.6
三轮车/辆	5.6	—	—
农用机具/台	18.8	27.8	17.5
仓库及冷藏设备/台	22.6	—	—
水泵/台	7.5	25.9	29.7
役畜/头	13.3	23.4	10.1

注：①拖拉机包括大中型、小型和手扶拖拉机。②农用机具包括机引农具、打谷机、扬场机、机动脱粒机、收割机、农用动力机械等。③全国农村和黑龙江省农村的数据来源于《2011 中国住户调查年鉴》。

综上，大兴安岭林区职工家庭的住房面积明显低于全国城镇和农村的平均水平，居住空间比较狭窄，住房问题较为严重。大兴安岭林区职工家庭在多数耐用品拥有量上高于黑龙江省农村水平但低于全国城镇水平；在部分生产性固定资产拥有量上低于全国农村水平但高于黑龙江省农村水平。

3. 金融资本特征

金融资本主要是指职工家庭可支配和可筹措的现金，包括两个来源：现金存款以及从正规和非正规渠道获得的贷款。对职工家庭来说，贷款和存款是和自己关系比较密切的两种金融资本。在遇到生产困难的时候，职工家庭可以通过贷款来发展生产，而存款则是职工家庭对未来生活的投资。一般情况下，多数家庭会选择将多余的钱存入银行，以备不时之需。

1) 贷款情况

贷款是一种重要的金融资本。在发展生产时，贷款不失为一个比较好的选择。在林区，人们的收入并不是很高，因此很有可能在从事家庭生产经营活动时遇到经济困难，这时人们就会选择贷款来缓解。调查中发现部分家庭因"无法提供相应的财产担保"而无法从银行、信用社等正规渠道获得资金帮助，也有部分家庭表示"银行利息太高，不敢贷"。可见，目前从正规渠道获得资金帮助对职工家庭而言比较困难，所以在生计面临资金困难时较多的家庭选择从亲戚朋友处寻求资金帮助，说明金融资本存量较低。

调查样本中，71.6%的职工家庭没有贷款，14.7%的职工家庭拥有 1 万元以下的贷款，13.8%的职工家庭拥有 1 万元以上的贷款（表 5-6）。

表 5-6　大兴安岭林区职工家庭贷款状况

贷款额/万元	频数/户	占比/%
0	83	71.6
0～1	17	14.7
≥1	16	13.8

注：因四舍五入占比之和不等于100%。

2）存款情况

在被调查的职工家庭中，有 27.6%的人表示拥有存款。其中，72.4%的家庭表示没有存款，这一比例还是相当大的。对于存款，多数人比较敏感，不愿说出自家有存款，也有期待获得更多政府补助的情绪。调查表明，15.5%的职工家庭拥有 1 万元以下的存款，12.1%的职工家庭拥有 1 万元以上的存款（表 5-7）。

表 5-7　大兴安岭林区职工家庭存款状况

存款额/万元	频数/户	占比/%
0	84	72.4
0～1	18	15.5
≥1	14	12.1

综上，大部分大兴安岭林区职工家庭没有贷款和存款，说明该地区金融资本存量较低。

4. 人力资本特征

人力资本指人们为了追求不同的生计策略和实现生计目标而拥有的技能、知识、劳动能力和健康等。对于一个家庭，人力资本取决于实际劳动力的量和质，随家庭的大小、技能水平、领导潜力、健康状况等因素而变化。人力资本的数量和质量决定了职工家庭能否运用其他资本。

1）家庭规模

大兴安岭林区的平均家庭规模为 3.29 人，略低于全国农村和黑龙江省农村平均水平。每个职工家庭的劳动力人数为 1.96 人。在校学生人数为每户 0.65 人，与全国农村的平均水平相当，但高于黑龙江省农村水平（表 5-8）。

表 5-8　大兴安岭林区职工家庭人力资本状况

指标名称	大兴安岭林区	全国农村	黑龙江省农村
住户人口数/人	3.29	4.0	3.5
劳动力人数/人	1.96	2.9	2.6

续表

指标名称		大兴安岭林区	全国农村	黑龙江省农村
在校学生人数/人		0.65	0.7	0.5
文化程度	小学及以下/%	9.0	30.4	24.1
	初中/%	49.3	52.7	66.0
	高中及中专/%	38.7	14.2	8.7
	大专及以上/%	3.0	2.7	1.2

注：全国农村及黑龙江省农村的数据来源于《2012中国住户调查年鉴》。

2) 文化程度

在文化程度上，大兴安岭林区的受教育年限和结构优于全国农村和黑龙江省农村的平均水平（表 5-8）。其中，小学及以下、初中、高中及中专、大专及以上的比例为 9.0：49.3：38.7：3.0，优于全国农村的平均比例水平 30.4：52.7：14.2：2.7。

被调查的户主（图 5-4）中，初中文化水平家庭占 49.3%的比例；高中文化水平家庭占 38.7%的比例。虽然职工家庭户主文化水平不高，但是在子女教育问题上很重视，有在求学子女家庭占比 61.5%。可以得出结果，41～50 岁这个年龄层，家庭还要负担子女教育支出，会对家庭的生计策略产生一定影响。

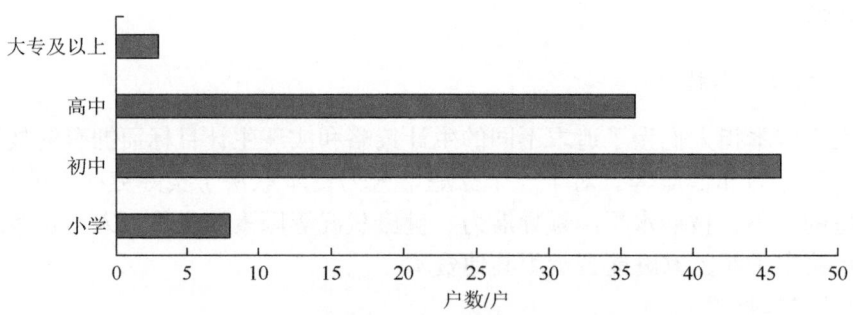

图 5-4 大兴安岭林区职工家庭户主文化程度

3) 健康状况

家庭成员的健康状况不仅是衡量家庭人力资本状况的一个重要资本，同时也会对职工家庭的生产生活产生很大的影响。在被调查的家庭中（表 5-9），有 45.2%的人表示健康状况好，28.9%的人表示健康状况一般，这表明随着经济的发展和医疗卫生水平的提高，大部分职工的健康状况都比较良好。当然还有一部分人表示了差（9.0%）、常年有病（14.0%）和残疾（2.9%），这些家庭由于健康状况比较差，往往会限制家庭的发展，并有可能导致家庭陷入贫困的地步，这种因病致贫的现象还比较常见。

表 5-9　大兴安岭林区职工家庭的健康状况

健康状况	频数/人	占比/%
常年有病	48	14.0
残疾	10	2.9
差	31	9.0
一般	99	28.9
好	155	45.2

综上，大兴安岭林区职工家庭的规模适中，从每户在校学生人数来看，大兴安岭林区职工家庭的教育负担要高于黑龙江省农村的平均水平。尤其是户主年龄在 41~50 岁这样的职工家庭，其子女教育负担更为严重。大兴安岭林区居民的文化程度及其结构状况较好，但是他们的健康状况并不令人满意，约有 26%的居民表示其健康状况差、常年有病或是残疾。

5. 社会资本特征

在调查过程中，具体询问了职工家庭的亲戚群体中是否有干部或者公务员、亲戚中有多少人是自办企业或者做生意、亲戚中有多少人是大学毕业生、亲戚中有多少人在外地打工。

从表 5-10 可以看出，职工家庭亲戚中有干部或者公务员的共有 42 户，所占比例为 36.2%。多数职工家庭的亲戚中没有自办企业或做生意，在调查中，多数职工表示亲戚也都是职工，没有资金和精力去经营企业或做生意。半数以上家庭亲戚中都有大学毕业生，说明在林区职工家庭中教育越来越被重视。亲戚中外出打工人员所占比例为 55.2%，接近半数，调查中了解，外出打工人员中多数是孩子求学后不愿回家乡。

表 5-10　大兴安岭林区职工家庭的亲戚状况

指标	频数/户	比例/%
亲戚中有干部或公务员	42	36.2
亲戚中有自办企业或做生意	29	25.0
亲戚中有大学毕业生	60	51.7
亲戚中有外出打工人员	64	55.2

综上，大兴安岭林区职工家庭在社会资本方面的特征表现为家庭拥有"经商"的关系网较弱，而拥有"教育"的关系网较强，表现为半数以上家庭亲戚中有大学毕业生。

5.1.2 职工家庭生计资本的定量评估

根据李小云等（2007）、赵雪雁等（2011）研究设计的关于生计资本的量化研究，结合已有的研究成果和大兴安岭林区的实际情况，本书设计了适合于大兴安岭林区测量职工家庭生计资本的指标、指标量化数值以及指标设定公式。

1. 评估指标体系构建

1）人力资本评估指标

本书通过3个指标测量人力资本。第1个指标是家庭整体劳动能力，即处于不同年龄层次和健康状况的家庭成员所拥有的劳动能力总和。测量时首先将每一个家庭成员的劳动能力赋值（表5-11），再将所有家庭成员的劳动能力求和，最后对职工家庭劳动能力做标准化处理，标准化公式见式（5-1），以下测算中的数据标准化都用此公式进行。第2个指标是家庭中成年男性劳动力。该指标的设定是基于大兴安岭林区职工家庭是否拥有男性成年劳动力将在很大程度上影响其脆弱性，该指标的测量方法就是职工家庭是否拥有男性成年劳动力，如果具有这个条件，赋值为1，否则为0。第3个指标是家庭成年劳动力受教育程度。这一指标的测量类似于对家庭劳动能力的测量，即首先对每一个成年劳动力的受教育程度进行赋值（表5-12），然后将所有成年劳动力的赋值求和，最后进行标准化处理。3个指标的权重主要参考李小云等（2007）的指标设定比例，同时考虑整体能力对职工家庭人力资本的贡献，在计算时分别给予这3个指标以0.5∶0.25∶0.25的权重。

表 5-11　单个家庭成员劳动能力的赋值

类别	解释	赋值/劳动能力单位
10岁以下的孩子	年纪太小不能劳动	0
11~14岁的孩子	可以做简单的家务	0.3
15~17岁的孩子	可以是成人的助手	0.6
成年人（18~60岁）	能够从事全部成人劳动	1
老年人（60岁以上）	只能从事部分成人劳动	0.5
残疾人	不能劳动	0
长期患病者	在过去半年及以上时间不能劳动	0

$$C_i = \frac{X - X_{\min}}{X_{\max} - X_{\min}} \tag{5-1}$$

式中，C_i 为该指标统计值的标准化结果；X 为该指标统计值；$X_{\max}$ 为该指标统计值中的最大值；$X_{\min}$ 为该指标统计值中的最小值。

表 5-12 单个成年劳动力受教育程度的赋值

类别	赋值/受教育程度单位
文盲	0
小学	0.25
初中	0.50
高中	0.75
大专及以上	1

注：该指标只对成年劳动力的受教育程度进行计算，成年劳动力是指 18~60 岁的劳动人口。

2）自然资本评估指标

对自然资本的评估即对林地资源赋值再求和，具体赋值见表 5-13~表 5-15，最后进行标准化处理。在计算时给予土壤质量、土地坡度、与公路的距离这 3 个指标相同的权重。

表 5-13 土壤质量的赋值

土壤质量	赋值
好	1
中	0.5
差	0

表 5-14 土地坡度的赋值

土地坡度/(°)	赋值
≤15	1
15~25	0.5
≥25	0

表 5-15 与公路的距离的赋值

与公路的距离/km	赋值
<1	1
1~2	0.75
2~4	0.5
4~5	0.25
>5	0

3）物质资本评估指标

物资资本的评估被设定为两个指标：第一个指标是家庭住房情况；第二个指标是家庭固定资产情况，包括生产性工具和耐用消费品。家庭住房情况可进一步细化为住房类型和住房数量（两者的赋值情况见表 5-16），家庭住房指标的数值就是两者的平均值。家庭固定资产指标的数值就是调查职工家庭所拥有资产的选项数占所有选项的比例（杨云彦和赵锋，2009）。例如，某职工家庭只有 1 台电视机和 1 台拖拉机，研究问卷中设计的家庭固定资产选项为 13 项，则这一家庭的家庭资产指标数值为 0.154，即 2/13。在计算时分别给予这两个指标以 0.6：0.4 的权重。

表 5-16 家庭住房指标的赋值

住房结构	住房结构赋值	住房数量	住房数量赋值
砖混结构	1	3 间	1
砖木结构	0.6	2 间	0.6
土木结构	0.3	1 间	0.3
草房	0	无	0

4）金融资本评估指标

将职工家庭现金收入、获得信贷的机会（包括正规渠道和非正规渠道）作为衡量金融资本的两个指标。对职工家庭现金收入指标的测量是首先计算出职工家庭的现金收入，然后根据当地现金收入的平均水平将其标准化。获得信贷机会则以从银行或信用社贷款、借高利贷、从亲戚朋友处借钱三个方面来衡量，这三个方面均被设为二分类变量，即如果能获得某一方面的贷款，则赋值为 1，否则，赋值为 0。最后将两个方面加以权衡，计算出职工家庭获得信贷机会的指标数值（表 5-17）。金融资本的第三个衡量指标是获得无偿援助或汇款的机会，具体操作是，看职工家庭在过去的一年中是否以现金的形式收到过任何捐款或汇款，若职工家庭收到过现金捐款或汇款，则赋值为 1，否则，赋值为 0。在计算时分别给予这两个指标以相同的权重。

表 5-17 金融资本的赋值

存款情况	存款情况赋值	贷款情况	贷款情况赋值
无	0	无	0
≤1 万元	0.25	≤1 万元	0.25
1 万~2 万元	0.5	1 万~2 万元	0.5
2 万~3 万元	0.75	2 万~3 万元	0.75
≥3 万元	1	≥3 万元	1

5）社会资本评估指标

对社会资本的评估主要用 4 个指标来衡量：第 1 个指标是亲戚中是否有干部或公务员，第 2 个指标是亲戚中是否有自办企业或做生意，第 3 个指标是亲戚中是否有大学毕业生，第 4 个指标是亲戚中是否有外出打工人员。4 个指标中，如果有则赋值为 1；如果没有则赋值为 0。本书在计算时给这 4 个指标的权重赋值相等。

2. 生计资本的评估结果

在对五类生计资本的指标进行量化后，根据每类生计资本中各个指标的权重，最终可以计算出职工家庭生计资本的数值并归纳分析（表 5-18）。

表 5-18 生计资本测量指标表

资本类型	测量指标	指标符号	指标公式	均值
人力资本	家庭整体劳动能力	H_1	$H_1/2 + H_2/4 + H_3/4$	0.55
	家庭成年男性劳动力	H_2		
	家庭成年劳动力受教育程度	H_3		
自然资本	土壤质量	N_1	$(N_1 + N_2 + N_3)/3$	0.42
	土地坡度	N_2		
	与公路的距离	N_3		
物质资本	家庭住房情况	P_1	$P_1 \times 0.6 + P_2 \times 0.4$	0.35
	家庭固定资产情况	P_2		
金融资本	贷款情况	F_1	$(F_1 + F_2)/2$	0.15
	存款情况	F_2		
社会资本	亲戚中是否有干部或公务员	S_1	$(S_1 + S_2 + S_3 + S_4)/4$	0.44
	亲戚中是否有自办企业或做生意	S_2		
	亲戚中是否有大学毕业生	S_3		
	亲戚中是否有外出打工人员	S_4		

注：该表数据为样本职工家庭的平均值。

大兴安岭林区职工家庭的生计资本构成中人力资本（0.55）的存量最高，社会资本（0.44）和自然资本（0.42）的存量相差不大，仅次于人力资本分别排在第二位、第三位，而物质资本（0.35）和金融资本（0.15）的存量很低（图 5-5）。

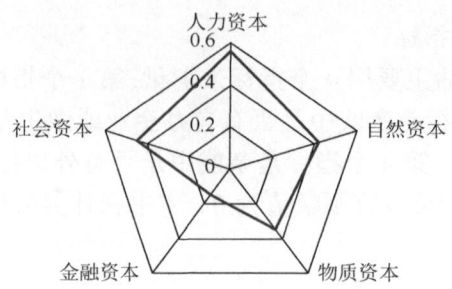

图 5-5 大兴安岭林区生计资本五边形

通过对山上林场和山下局址的职工家庭生计资本的比较分析发现,山上林场职工家庭的 5 种类型的生计资本均好于山下局址职工家庭（图 5-6）。

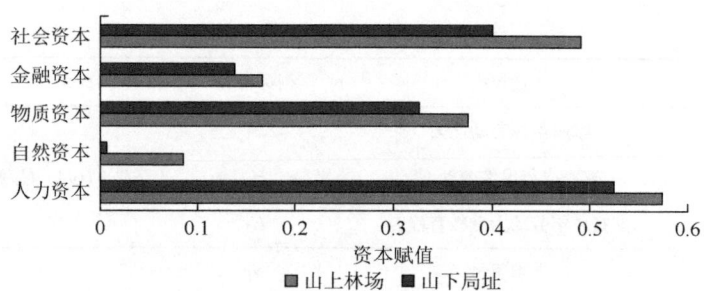

图 5-6 大兴安岭林区山上林场和山下局址职工家庭生计资本比较

5.2 职工家庭的生计策略及其与生计资本的相关性分析

职工家庭的生计策略决定了其生产行为和消费行为,进而决定了其收入来源、消费状况和生产投入状况（黎洁等,2009）。因此,将对影响职工家庭生计策略的收入状况、生活消费状况及生产投入状况进行相关分析。

5.2.1 职工家庭的生计策略

1. 基于收入特征分析职工家庭的生计策略

按照工资性收入、家庭经营收入、财产性收入和转移性收入将职工家庭收入分成 4 个部分。书中所提到的工资性收入主要指家庭中的林业职工从森工企业所获得的劳动报酬。家庭经营收入是指职工家庭进行生产筹划和管理而获得的收入,包括农业收入、林业收入和兼业副业收入 3 个部分,其中农业收入是指职工家庭开垦荒地从事种植业的收入;林业收入包括林下种植收入、林下采集收入和林下养殖收入;兼业副业收入泛指除了以上两种收入以外的其他家庭经营收入。财产性收入是指职工家庭通过资本、技术和管理等要素参与社会生产和生活活动所产生的收入,这里主要包括银行存款利息收入,贷款利息收入,奖券收入,出租土地、设备或房屋的收入。转移性收入是指国家、单位、社会团体对职工家庭的各种转移支付和职工家庭间的收入转移,这里包括退休金、医疗补助、政府其他补助收入和接受捐赠的收入。

(1) 大兴安岭林区职工家庭收入来源依靠工资性收入。

为了更准确地反映大兴安岭林区职工家庭收入的真实水平,对调研数据中的极端值进行了处理,剔除了 3 户总收入与其他职工家庭相差过大的职工家庭。

总体上看(图 5-7),本次调查中,职工家庭年平均收入为 41550 元,其中工资性收入 36621 元,占总收入的 80%以上;家庭经营收入 1492 元,约占总收入的 3.6%;财产性收入 676 元,约占总收入的 1.6%;转移性收入 2760 元,占总收入的 6.6%。

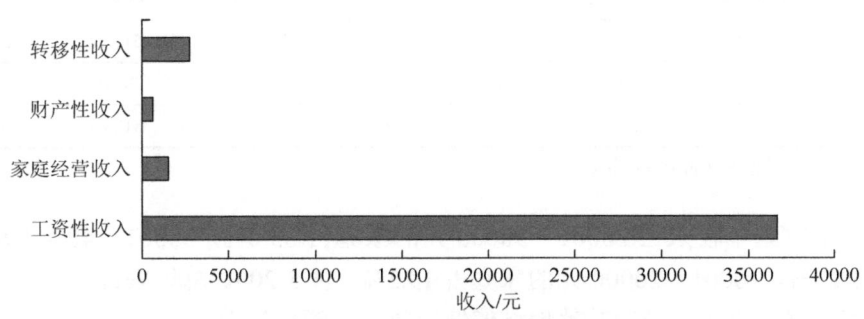

图 5-7 职工家庭收入构成

(2) 大兴安岭林区职工家庭收入水平总体偏低。

虽然工资性收入占收入的绝大部分,但 2012 年大兴安岭林区职工家庭的人均工资性收入为 12650.38 元,低于全国城镇 21809.78 元和黑龙江省城镇 15696.18 元的水平。大兴安岭林区职工家庭的人均家庭经营收入也低于全国和黑龙江省农村居民的人均家庭经营收入,2012 年大兴安岭林区职工家庭的人均家庭经营收入为 454.33 元,仅相当于当年全国农村人均家庭经营收入 3211.98 元的 14%。财产性收入不高,人均财产性收入仅占人均纯收入的 1.63%。在转移性收入方面,与农村相比,林区职工享受退休金,据调查,退休金占其转移性收入的 68.7%。因此,大兴安岭林区职工家庭的人均转移性收入高于全国及黑龙江省农村的平均水平,2012 年大兴安岭林区职工家庭的人均转移性收入为 840.44 元,而当年全国及黑龙江省农村的人均转移性收入分别为 563.27 元和 764.85 元。但是,大兴安岭林区职工家庭的人均转移性收入却低于全国和黑龙江省城镇的平均水平,2012年全国和黑龙江省城镇的人均转移性收入分别是 5708.58 元和 5213.05 元,差距还是很大的(表 5-19)。

表 5-19 职工家庭人均收入状况

指标名称			大兴安岭林区		山上林场		山下局址	
			收入/元	结构占比/%	收入/元	结构占比/%	收入/元	结构占比/%
人均纯收入			12650.38	100.00	16374.80	100.00	9954.17	100.00
工资性收入			11149.84	88.14	14669.42	89.59	8601.73	86.41
家庭经营收入	农业收入		21.01	0.17	50.00	0.31	0	0
	林业收入	林下种植	0	0	0	0	0	0
		林下采集	156.69	1.24	231.88	1.42	102.26	1.03
		林下养殖	7.87	0.06	18.75	0.11	0	0
		小计	164.56	1.30	250.63	1.53	102.26	1.03
	兼业副业		268.75	2.12	75.00	0.46	409.04	4.11
	小计		454.33	3.59	375.62	2.29	511.32	5.14
财产性收入			205.77	1.63	451.18	2.76	28.28	0.28
转移性收入			840.44	6.64	878.58	5.37	812.84	8.17

注:结构列数据为四舍五入结果。

职工家庭年收入在 20001~30000 元的家庭占 33.0%,30001~40000 元的家庭占 21.1%,10001~20000 元的家庭占 19.3%(表 5-20)。总体来说,大兴安岭林区职工家庭的收入水平较其他地域偏低,收入来源比较单一。

表 5-20 职工家庭年收入分组情况

收入/元	频数/户	占比/%
10001~20000	21	19.3
20001~30000	36	33.0
30001~40000	23	21.1
40001~50000	11	10.1
50001~60000	12	11.0
>60000	6	5.5

(3)山上林场职工家庭人均收入高于山下局址职工家庭人均收入。

山上林场职工家庭人均纯收入为 16374.80 元,高于山下局址职工家庭人均纯收入（9954.15 元）。其中，山上、山下职工家庭的工资性收入分别为 14669.42 元和 8601.73 元，相差 41.4%；山上林场职工家庭的家庭经营收入为 375.62 元，而山下局址职工家庭的家庭经营收入为 511.30 元，后者是前者的 1.36 倍。这主要是由于山上林场的职工家庭从事农林业生产获得的收入并不高，而山下局址的职工家庭从事兼业副业获得的收入却明显高于山上林场的职工家庭（图 5-8）。

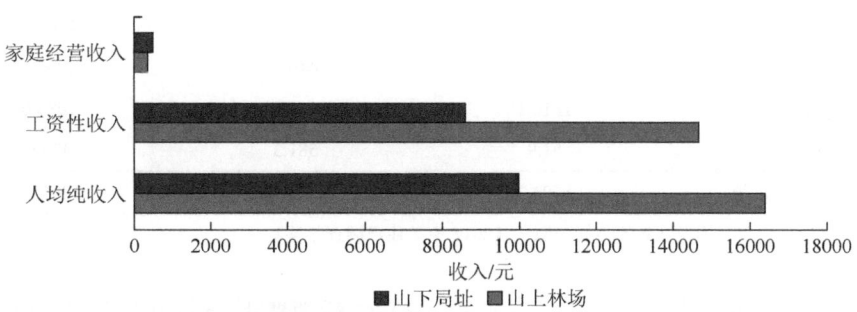

图 5-8　山上林场与山下局址职工家庭收入比较

综上，从收入及其结构上来看，研究发现大兴安岭林区职工家庭的生计策略有以下几个特点。

首先，参加林业局的森林资源经营抚育工作获取工资性收入是大兴安岭林区职工家庭的主要生计策略。如表 5-19 所示，大兴安岭职工家庭的人均工资性收入占其总收入的比例达到 88.14%。

其次，依靠林地资源开展林下经济活动并不是大兴安岭林区职工家庭的主要生计策略。从 5.1 节对职工家庭自然资本特征的描述中可以看出，大兴安岭林区职工家庭所占有的林地资源并不差，但开展林下经济活动而获取的收入并不高。

2. 基于消费特征分析职工家庭的生计策略

生活消费支出是指职工家庭用于日常生活的全部开支，按照人们实际支出去向将生活消费支出分为食品消费支出、衣着消费支出、居住消费支出、家庭设备及服务消费支出、交通通信消费支出、文教娱乐消费支出、医疗消费支出以及其他商品及服务消费支出共 8 项内容。

1）人均生活消费支出低于全国城镇及黑龙江省城镇水平

大兴安岭林区职工家庭人均生活消费支出 8694.2 元，低于全国及黑龙江省城镇水平，分别相当于它们的 57%和 72%（表 5-21）。

表 5-21 职工家庭消费支出情况　　　　　　　　（单位：元/人）

指标名称	大兴安岭林区	全国城镇	黑龙江省城镇
食品支出	3496.8	5506.3	4348.5
衣着支出	537.9	1674.7	1681.9
居住支出	33.7	1405.0	1186.0
家庭设备及服务支出	446.2	283.2	204.9
交通通信支出	649.0	2149.7	1363.6
文教娱乐支出	71.5	449.6	286.9
医疗支出	1610.1	969.0	1083.0
其他支出	51.9	581.3	476.9
消费支出总额	8694.2	15160.9	12054.2

资料来源：全国及黑龙江省的数据来源于《2012 中国住户调查年鉴》。

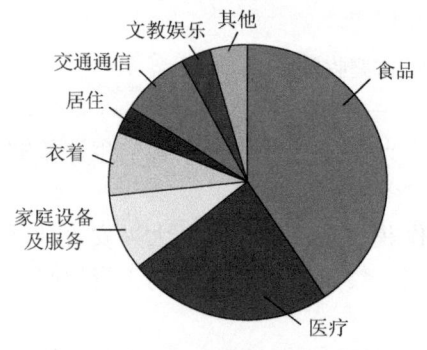

图 5-9 职工家庭的生活消费构成

2）生活消费近一半的支出用于满足基本生存需要

本次调查中，职工家庭平均年消费金额为 28517.7 元，人均年生活消费支出为 8694.2 元。从图 5-9 可以看出食品消费支出金额最大，为 11590 元，占总消费金额的 40.6%；其次是医疗消费支出，为 5867 元，占总消费金额的 20.6%；排在第三的是家庭设备及服务消费支出，为 2615 元，占总消费金额的 9.2%。这 3 项占总消费金额的比例超 70%。

从表 5-21 可以看出，大兴安岭林区职工家庭的食品、衣着、居住消费共占消费支出总额的 46.8%，均低于全国城镇及黑龙江省城镇水平。在调查中发现，职工家庭搬入新居后，30.1%的职工家庭选择新置家庭设备，所以大兴安岭林区职工家庭设备及服务消费支出高出全国城镇及黑龙江省城镇的水平，居住消费支出大幅度低于全国城镇及黑龙江省城镇的水平。

3）医疗负担较重

大兴安岭林区职工家庭的医疗消费为 1610.1 元，占生活消费支出总额的 18.52%，明显高于全国城镇的 969 元和黑龙江省城镇的 1083 元，反映出在大兴安岭林区，职工家庭的医疗负担较重。分析其原因，大兴安岭林区处于高寒地区，部分林区职工从事重体力劳动，容易出现如职业病等其他方面疾病。

4）山上林场职工家庭的生活境况好于山下局址

在大兴安岭林区，山上林场职工家庭的人均生活消费支出为 7644.8 元，高于山下局址的 6359.8 元，主要是山上职工家庭交通通信费支出和医疗支出达到 1545.4 元和 3740.6 元，高于山下局址职工家庭交通通信费 483.4 元和医疗支出 1617.2 元。从图 5-10 来看，大兴安岭林区山上林场职工家庭的生活境况要好于山下局址职工家庭。

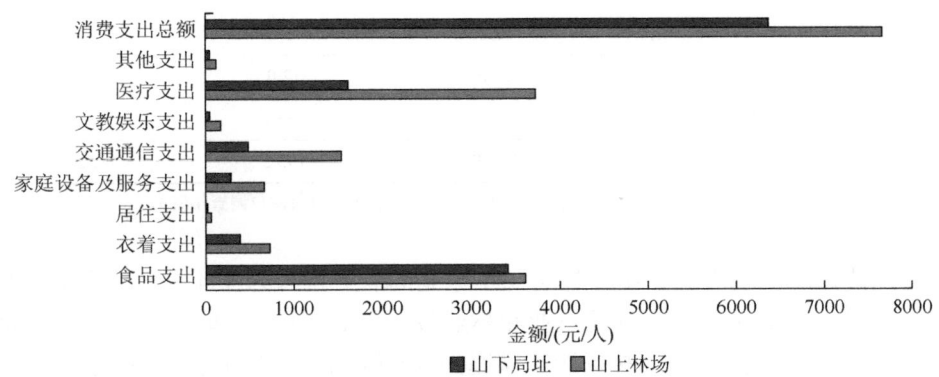

图 5-10　山上林场与山下局址职工家庭生活消费支出比较

综上，从消费及其结构来看，大兴安岭林区职工家庭的生计策略有以下几个特点。

首先，大兴安岭林区职工家庭的生计策略是将大部分支出用于满足基本生存需要，衣、食、住的消费支出占其总支出的比例达到 46.7%。

其次，由于大兴安岭林区居民身体健康状况堪忧，他们在生计策略上还不得不将占生活消费 18.52% 的支出用于医疗。

3. 基于生产投入状况分析职工家庭的生计策略

将生产投入状况分成农业投入、林业投入、兼业副业投入以及生产性固定资产投入 4 个部分。其中，林业投入包括林下种植、林下采集和林下养殖三个方面。

大兴安岭林区职工家庭人均生产总投入为 777.1 元，低于全国农村人均 2108.9 元和黑龙江省农村人均 5503.8 元的水平（表 5-22）。大兴安岭林区职工家庭的农业生产投入较低，人均农业生产投入仅为 203.5 元，远低于全国和黑龙江省农村居民的水平。大兴安岭林区职工家庭进行了林下经济的生产投入，但仅在林下养殖业上有所投入。

表 5-22　职工家庭人均生产投入状况　　　　　　　（单位：元/人）

指标名称	大兴安岭林区	全国农村	黑龙江省农村
人均生产总投入	777.1	2108.9	5503.8
农业、林业、兼业副业投入小计	528.2	1915.6	4877.0
农业投入	203.5	914.4	3809.9

续表

指标名称		大兴安岭林区	全国农村	黑龙江省农村
林业投入	林下种植	0	—	—
	林下采集	0	—	—
	林下养殖	92.5	—	—
	小计	92.5	12.0	14.9
兼业副业投入		232.2	—	—
生产性固定资产投入		248.9	193.3	626.8

注：全国及黑龙江省的数据为农村居民的费用支出，来源于《2011中国住户调查年鉴》。

从图 5-11 可以看出，山上林场职工家庭的农业投入为 484.6 元，林业投入为 220.4 元，山下局址职工家庭的农业和林业投入为 0；山下局址的职工家庭兼业副业投入为 384.4 元，是山上林场职工家庭的 5.5 倍；山上林场的职工家庭的生产性固定资产投入为 575.5 元，远远高于山下局址职工家庭的 12.5 元。

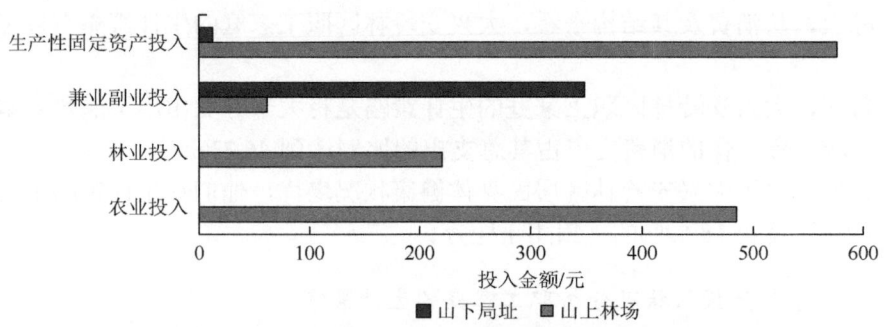

图 5-11　山上林场与山下局址生产投入状况比较

综上，从生产投入状况来看，大兴安岭林区职工家庭的生计策略有以下几个特点。

首先，大兴安岭林区职工家庭在开展家庭经营生产活动时，其维持生计的主要方式是从事兼业和副业生产活动，而不是依靠土地从事农林业生产活动。

其次，大兴安岭林区职工家庭所开展的林下经济活动以林下养殖为主，即林下养殖是其在发展林下经济方面的主要生计策略方式。

5.2.2　职工家庭的生计策略与生计资本的相关性分析

1. 相关性分析方法

运用相关性分析方法，研究生计策略和生计资本之间相关性的程度和方向。而变量之间相互关系的程度主要通过相关系数的计算和检验来完成。因此,对相关分析模型的研究就有了重要意义。

$$r_{xy} = \frac{\sum_{i=1}^{n}(x_i - \bar{x})(y_i - \bar{y})}{\sqrt{\sum_{i=1}^{n}(x_i - \bar{x})^2} \sqrt{\sum_{i=1}^{n}(y_i - \bar{y})^2}} \quad (5\text{-}2)$$

$$\bar{x} = \frac{1}{n}\sum_{i=1}^{n}x_i \quad (5\text{-}3)$$

$$\bar{y} = \frac{1}{n}\sum_{i=1}^{n}y_i \quad (5\text{-}4)$$

式(5-2)中,r_{xy}为要素 x 与 y 之间的相关系数;x_i 和 y_i 为要素 x 和 y 的样本值;$\bar{x}$ 和 $\bar{y}$ 为要素 x 和 y 的平均值;n 为样本数。r_{xy}是表示两要素之间相关程度的统计指标,其值介于[-1, 1]。$r_{xy}>0$,表示正相关,即两要素同向相关;$r_{xy}<0$,表示负相关,即两要素异向相关。r_{xy}的绝对值越接近于 1,表示两要素的关系越密切;越接近于 0,表示两要素的关系越不密切。

2. 相关性分析结果

1)职工家庭的收入与其生计资本的相关性分析

从表 5-23 可以看出,职工家庭收入总额与人力资本之间有很强的相关性,其相关系数为 0.341,在 0.01 水平上统计检验显著;收入总额与社会资本之间有相关性,其相关系数为 0.199,在 0.1 水平上统计检验显著。

表 5-23 职工家庭收入与生计资本的相关系数

		收入总额	人力资本	自然资本	物质资本	金融资本	社会资本
收入总额	Pearson 相关性	1	0.341**	0.083	0.011	0.085	0.199*
	显著性(双侧)		0	0.393	0.906	0.382	0.038
人力资本	Pearson 相关性		1	0.084	0.108	0.011	0.117
	显著性(双侧)			0.383	0.265	0.911	0.227
自然资本	Pearson 相关性			1	0.305**	-0.018	0.018
	显著性(双侧)				0.001	0.855	0.850
物质资本	Pearson 相关性				1	-0.064	0.119
	显著性(双侧)					0.507	0.217
金融资本	Pearson 相关性					1	0.152
	显著性(双侧)						0.114
社会资本	Pearson 相关性						1
	显著性(双侧)						

** 表示在 0.01 水平(双侧)上显著相关;* 表示在 0.1 水平(双侧)上显著相关。

2）职工家庭生活消费与其生计资本的相关性分析

生活消费支出与物质资本之间有相关性，其相关系数为 0.181，在 0.1 水平上统计检验显著；生活消费支出与金融资本之间同样存在相关性，其相关系数为 0.186，在 0.1 水平上统计检验显著（表 5-24）。

表 5-24　职工家庭生活消费与生计资本的相关系数

		生活消费	人力资本	自然资本	物质资本	金融资本	社会资本
生活消费	Pearson 相关性	1	−0.090	0.008	0.181*	0.186*	−0.037
	显著性（双侧）		0.354	0.931	0.060	0.053	0.705
人力资本	Pearson 相关性		1	0.084	0.108	0.011	0.117
	显著性（双侧）			0.383	0.265	0.911	0.227
自然资本	Pearson 相关性			1	0.305	−0.018	0.018
	显著性（双侧）				0.001	0.855	0.850
物质资本	Pearson 相关性				1	−0.064	0.119
	显著性（双侧）					0.507	0.217
金融资本	Pearson 相关性					1	0.152
	显著性（双侧）						0.114
社会资本	Pearson 相关性						1
	显著性（双侧）						

* 表示在 0.1 水平（双侧）上显著相关。

5.3　职工家庭的生计后果

生计后果是职工家庭采取一定方式的生计策略后的结果，包括给职工家庭的生计带来的后果以及给生态环境带来的后果。大兴安岭林区职工家庭的生计策略将会影响林区职工家庭的贫困状况，并影响其就业方式。此外，职工家庭从事森林管护和抚育工作可能会对森林生态环境带来积极的影响，而从事农林业生产活动又可能对森林生态环境带来消极的影响。本书将从职工家庭的贫困状况、就业状况以及对生态环境的影响等三个方面分析大兴安岭林区职工家庭的生计后果。

5.3.1　职工家庭的贫困状况

1. 贫困线的选择

收入和消费是衡量贫困的重要依据。大兴安岭林区职工收入除了企业工资之外，还包括政府财政补助和职工自营经济收入，这使得大兴安岭林区职工的收入与农民和城镇居民的收入相比具有复杂性。考虑本书使用的是 2011 年的调查数据，分别选用国定贫困线、国际通行的每日 1.25 美元（简称国际贫困线 I）和国际每日 2 美元（简称国际贫困线 II）作为贫困线。按照 2011 年人民币对美元的平均汇率 6.4588 计算，上述贫困线分别相当于当年人民币 2300 元、2947 元和 4716 元。

2. 测算方法

贫困的典型特征是其三维性，即贫困发生率、贫困深度和贫困强度。贫困程度的三维表现可以是一致的，也可以是背离的（陈光金，2008；陆康强，2007）。因此，需要测算贫困发生率、贫困深度和贫困强度，以综合分析国有林区职工住户的贫困问题。本书使用由经济学家 Foster、Greer 和 Thorbecke 在 1984 年提出的 FGT 指数测算贫困发生率、贫困深度和贫困强度。FGT 指数的计算公式为

$$P_a(x,z) = \frac{1}{n}\sum_{i=1}^{q}\left(\frac{z-x_i}{z}\right)^a \tag{5-5}$$

式中，n 为总人口；z 为贫困线；x_i 为第 i 个贫困者的收入；q 为贫困人口数，参数为 0、1、2。当 $a=0$ 时，P_0 为贫困发生率。当 $a=1$ 时，P_1 为贫困深度指数，反映贫困人口的收入相对于贫困线的缺口。当 $a=2$ 时，P_2 为贫困强度指数，反映贫困人口收入分布的不均度。

3. 测算结果

基于调查的收入数据，按照国定贫困线计算大兴安岭林区的贫困发生率为 3.4484%，如果将贫困标准提高到国际贫困线 I 和国际贫困线 II，大兴安岭林区的贫困发生率则为 3.6682% 和 6.0341%。基于调查的消费数据，按照国定贫困线计算大兴安岭林区的贫困发生率为 6.8962%，如果将贫困标准提高到国际贫困线 I 和国际贫困线 II，大兴安岭林区的贫困发生率则为 12.0683% 和 32.7572%。如果按照国际贫困线，则不但大兴安岭林区职工家庭的贫困发生率大幅上升，而且基于消费数据计算的贫困发生率高于基于收入数据计算的贫困发生率（表 5-25）。

表 5-25 大兴安岭林区职工家庭的贫困发生率、贫困深度及贫困强度

贫困线		国定贫困线	国际贫困线 I	国际贫困线 II
人民币标准/元		2300	2947	4716
贫困发生率/%	收入	3.4484	3.6682	6.0341
	消费	6.8962	12.0683	32.7572
贫困深度指数		0.0008	0.0025	0.0111
贫困强度指数		0.0001	0.0007	0.0143

令 x_i 为大兴安岭林区贫困职工家庭的人均收入金额，z 分别为国定贫困线（2300 元）、国际 1.25 美元贫困线（2947 元）和国际 2 美元贫困线（4716 元）。根据 FGT 指数计算公式计算大兴安岭林区职工家庭的贫困深度和贫困强度。大兴安岭林区职工家庭基于国定贫困线的贫困深度指数为 0.0008，贫困强度指数为 0.0001（表 5-25）。

从调查的收入数据来看，在大兴安岭林区内部，山上林场的职工家庭的贫困状况要好于居住在山下局址的职工家庭；就国定贫困线来看，山下局址职工家庭的贫困发生率为 2.586%，而山上林场的职工家庭的贫困发生率为 0.862%；如按国际贫困线 Ⅰ 衡量，山上和山下职工家庭贫困发生率分别为 0.862%和 2.586%；按国际贫困线 Ⅱ 衡量，山上和山下职工家庭贫困发生率分别为 1.724%和 4.310%。

从调查的消费数据来看，山上林场的职工家庭贫困状况同样好于山下局址的职工家庭。就国定贫困线来看，山下局址的职工家庭的贫困发生率为 6.034%，而山上林场的职工家庭的贫困发生率为 0.862%；如按国际贫困线 Ⅰ 衡量，山上和山下职工家庭贫困发生率分别为 2.586% 和 9.482%；按国际贫困线 Ⅱ 衡量，山上和山下职工家庭贫困发生率分别为 12.068%和 20.689%。

可见，无论是从调查的收入数据还是消费数据来看，居住在山下局址的职工家庭的贫困状况较居住于山上林场的职工家庭都更为严峻。

大兴安岭林区职工家庭的人均纯收入为 13058 元，按国际贫困线 Ⅱ，大兴安岭林区贫困家庭的人均纯收入为 2876 元。大兴安岭林区存在着贫富差距，全体职工家庭的人均纯收入水平是贫困家庭人均纯收入水平的 4.5 倍。在大兴安岭林区，贫困家庭和全体职工家庭的收入结构是基本一致的。

5.3.2 职工家庭的就业状况

1. 成年人口的就业状态

在大兴安岭林区 16 岁以上的成年人口中，63.1%的人有工作，20.8%的人没有工作，12.5%的人在求学（表 5-26）。

表 5-26 大兴安岭林区成年人口的就业情况 （单位：%）

就业状态	比例
无工作	20.8
工作	63.1
上学	12.5
退休	3.6
合计	100.0

从大兴安岭林区的年龄结构来看,年龄结构对就业状态有影响(表 5-27)。30 岁以下的成年人口中有 43.1%的人在上学,没有上学且无工作的人所占的比例为 15.4%,说明在大兴安岭林区青年人的就业仍是突出的问题。在 40~49 岁的年龄段中就已经开始出现退休的人口了,而在 50~59 岁年龄段中退休人口所占的比例已达 21.7%。60 岁及以上年龄段的人口中有 32.2%是没有工作的,这是指这些人口因为以前无工作而不能享受退休金待遇。

表 5-27 大兴安岭林区各年龄段成年人口的就业情况 (单位:%)

就业状态	30 岁以下比例	30~39 岁比例	40~49 岁比例	50~59 岁比例	60 岁及以上比例
无工作	15.4	16.1	18.6	16.1	32.2
工作	41.5	83.9	77.6	62.2	3.1
上学	43.1	0.0	0.0	0.0	0.0
退休	0.0	0.0	3.8	21.7	64.7

2. 在职工作者的工作单位类型

在大兴安岭林区有工作的成年人口中,79.5%在森工林业局工作,6.8%在医院、学校以及公安局等事业单位工作,在私营企业和股份公司工作的合计占 10%,从事个体工商业的占 1.6%,这部分人主要是开办个体的食杂店、理发店等(表 5-28)。可见,大兴安岭林区森工林业局是成年人口最重要的工作单位。

表 5-28 成年人口的工作单位 (单位:%)

单位性质	比例
森工林业局	79.5
事业单位	6.8
私营企业	7.4
股份公司	2.6
个体工商	1.6
其他	2.1

3. 在职工作者的职业类型

大兴安岭林区有工作的成年人口中,生产工人的比例最高,为 52.4%;其次是办事或管理人员,为 18.0%;专业技术人员占 15.3%(表 5-29)。

表 5-29 大兴安岭林区成年人口的职业类型　　　　（单位：%）

职业类型	比例
干部或负责人	7.9
专业技术人员	15.3
办事或管理人员	18.0
生产工人	52.4
教师	2.1
其他	4.2

5.3.3 职工家庭对生态环境的影响

1. 家庭生产经营活动的影响后果

林区职工家庭生计策略对生态环境的影响通过其生活用燃料费用、化肥费用以及农药费用等指标来反映。一般认为，如果假定价格相同，这些费用越大，就越会对森林生态环境产生不利的影响，而且这些费用的发生往往是以职工家庭的农林业生产为基本前提的。

大兴安岭林区在生产用化肥和农药的消费上小于全国和黑龙江省农村的平均水平，大兴安岭林区职工家庭生活用燃料费用为1496.07元，高于全国农村和黑龙江省农村的平均水平，这有可能是因为重点国有林区气候比较寒冷，职工家庭在生活性燃料的消费高的缘故（表5-30）。大兴安岭林区的农林业对生态环境的影响相对较小。

表 5-30 大兴安岭林区职工家庭对生态环境的影响情况　　　　（单位：元）

项目	大兴安岭林区	全国农村	黑龙江省农村
生活用燃料费用	1496.07	393.10	577.00
化肥费用	36.90	3874.49	8018.57
农药费用	53.26	261.80	788.50
合计	1586.23	4529.39	9383.64

注：全国及黑龙江省的数据来源于《2012中国住户调查年鉴》，其中化肥费用的数据是根据当年平均价格换算得出的。

2. 森林经营活动的影响后果

大兴安岭林区职工的主要收入来源是森工林业局的工资性收入。由于大兴安岭林区在2012年基本停止主伐，林区职工的工作主要是从事森林资源的经营和抚育，也就是说，他们从事森林经营生产活动作为维持其生计的主要收入来源，这种生计策略对大兴安岭林区的生态环境具有积极的影响。

表 5-31 表明，2012 年大兴安岭林区的森林管护面积达到 643.78 万 hm^2，成林抚育面积达到 17.72 万 hm^2。

表 5-31　2012 年大兴安岭林区森林管护、抚育情况　（单位：万 hm^2）

区域	森林管护面积	成林抚育面积
大兴安岭林区	643.78	17.72
十八站	67.25	1.87
塔河	90.95	2.35

资料来源：《中国林业统计年鉴 2013》。

5.4　职工家庭生计状况改善的政策建议

根据大兴安岭林区职工家庭的生计状况分析，大兴安岭林区职工家庭生计状况改善的政策建议可分为增加生计资本存量、提高职工家庭的工资性收入、鼓励和发展林下经济以及完善社会保障制度四个方面。依据现有的政策方针，提出如下建议（图 5-12）。

5.4.1　生计资本存量的提升方式

根据前文对职工家庭生计资本定量评估的结果，大兴安岭林区职工家庭的人力资本和社会资本状况较好。因此，重点探讨如何提升大兴安岭林区职工家庭的自然资本、物质资本和金融资本。

1. 创新林地利用政策以增加职工家庭的自然资本

目前，制约大兴安岭林区职工家庭利用林地开展林下经济生产活动的主要问题有两个：一是职工家庭承包经营的林地距离家庭住址较远；二是林地内林木郁闭采光不足。针对这两个问题，要调查清楚大兴安岭林区的各类地块信息，明确林中和林缘的林地地块和面积，因为真正可以开展林下经济生产活动的地块在林缘空地而不是林内。大兴安岭林区各林业局应将这些林缘空地承包给职工家庭用于发展林下种植业和养殖业，而将林内用地承包给职工家庭用于发展林下采集业。在林地使用费上，可在职工家庭承包林地的一定年限内（如 5 年）免于收取。

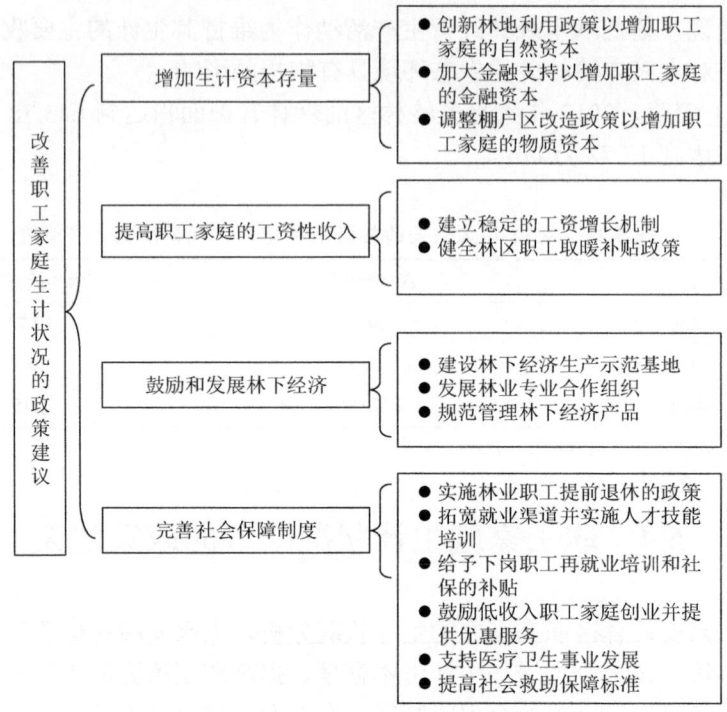

图 5-12　改善职工家庭生计状况政策建议一览表

2. 加大金融支持以增加职工家庭的金融资本

大力推进金融创新，建立健全公共财政对国有林区职工家庭金融服务的供给机制。通过改善投资环境、促进小额信贷发展，为大兴安岭林区职工家庭创业提供资金支持，提高职工家庭的金融资本，使之有效地带动其他资本类型的提升，从而促进职工家庭生计水平的提高。

（1）借鉴农村实施的扶贫小额信贷，引导职工家庭发展"短平快"的林下种植、养殖、加工项目，对有致富意愿和发展项目的职工家庭优先给予小额信贷支持；对符合条件、能带动其他职工家庭增收的林下经济种植大户，林下经济龙头企业给予信贷支持。

（2）增加对林业和低收入职工家庭的信贷供给。引导金融机构扩大对国有林区农林业生产的信贷服务，并使其提供多种信贷服务，积极推进以管护承包林地作为抵押的贷款业务。

（3）建立健全国有林区信用担保体系，鼓励各金融机构为低收入职工家庭提供担保。扩大小额担保贷款借款人的范围，在现行政策已经明确的借款人范围的基础上，凡符合规定条件的失业、就业困难等人员可按程序向经办担保机构申请小额担保贷款；提高小额担保贷款额度，对于符合条件的人员合伙经营和组织起来就业的，经办担保机构可适当扩大贷款的规模。

（4）扩大政策性森林保险的覆盖面。积极推进政策性森林保险工作，逐步扩大森林保险的产品品种，加大政府对参保职工家庭的支持力度。

3. 调整棚户区改造政策以增加职工家庭的物质资本

大兴安岭林区职工家庭物质资本方面的不足主要表现在住房上。住房面积小、年代久远、距离林业局局址或县城远，为解决这些问题，国家在重点国有林区实施了棚户区改造工程，大兴安岭林区也享受到了这一政策，但目前大兴安岭林区执行的棚户区改造政策是新建楼房户面积标准为 $50m^2$，国家补助 300 元$/m^2$，要求地方配套 200 元$/m^2$，其余资金由企业和居民承担。由于大兴安岭林区被列入资源枯竭型城市，地方政府、林业企业及居民的经济条件都很差，按现行的政策要完成棚户区住宅改造任务，企业和个人都没有能力承担，这将导致棚户区改造工作难以推进，即便是靠贷款实施，沉重的还贷压力也难以承受。所以，建议国家增加对大兴安岭林区棚户区改造的中央资金补助力度，同时对林区棚户区改造项目提供配套设施建设补助。

5.4.2 职工家庭工资性收入的增加手段

1. 建立稳定的工资增长机制

参加森林管护和抚育工作以获取工资性收入是大兴安岭林区职工的主要生计策略。目前大兴安岭林区的企业生产技术人员、工人队伍流动性大，季节性采山、外出务工人员不断加大，这在一定程度上会影响企业的正常生产经营。因此，应通过提高福利待遇，留住人才。

但是，大兴安岭林区目前却存在着林业企业职工工资偏低问题。黑龙江省 2012 年度年平均工资已达到 33503 元，大兴安岭林区企业职工工资 2012 年度年平均工资是 24400 元，比省社会年平均工资少 9103 元。经调查测算，大兴安岭林区应按每年 16%的增长水平建立起企业工资分配制度，建立稳定的工资增长机制，逐步提高企业职工工资，缩小与黑龙江省乃至全国平均工资水平的差距，使林区职工家庭生活水平不断提高，生计状况达到可持续的状态。

2. 健全林区职工取暖补贴政策

取暖补贴是大兴安岭林区职工福利中的一部分。大兴安岭林区地处高寒地区，冬季取暖期为 7 个月长，因此应该对职工家庭取暖进行补贴。但是，目前大兴安岭林区森工企业的职工与机关事业单位及中省直单位的冬季取暖补贴不同，因此建议职工的取暖补贴标准参照当地机关事业单位职工取暖的补贴标准，健全林区职工家庭取暖补贴政策。

5.4.3 发展林下经济的激励措施

1. 建设林下经济生产示范基地

通过政府引导、专业合作组织和企业带动、职工参与，加大政策扶持，强化科技应用，着力建设一批具有一定规模、潜力大、效益好、带动能力强、受益面广、影响大的林下经济示范基地，依据地缘、资源及气候条件，重点扶持绿色生态产业项目，培育特色林区产品。鼓励林区龙头企业引导扶持林下经济的生产发展，构建"龙头带基地、闯市场、打品牌"的产业化经营机制。建议精选一批典型示范案例，建立林下经济示范基地，对成功的经营模式、管理方式、实用技术等方面进行示范和推广，带动大兴安岭林区林下经济的发展。

2. 发展林业专业合作组织

加快林业专业合作组织的发展，鼓励兴办林业专业合作社、股份合作林场、家庭林场、林业协会等多元化、多类型林业专业合作组织。加大同类林业合作组织的行业联合，引导林区职工家庭开展森林产品、林下经济产品认证以及绿色、有机、无公害、地理标志产品的"三品一标"建设，推进品牌建设。

3. 规范管理林下经济产品

充分发挥大兴安岭林区林下经济生态环保与区域特色的优势，开展林下经济产品的绿色认证、地理标志认证等方式，确保林下经济产品符合绿色环保、低碳节能和资源节约要求，提高产品产量和质量，增强市场竞争力，促进林下经济健康快速发展。同时，要加大对市场的监管力度，建立产品检测体系确保食品安全。

5.4.4 改善社会服务水平的制度保障

1. 实施林业职工提前退休的政策

鉴于大兴安岭林区生产生活环境恶劣，职工家庭成员不同程度地患有心脑血管损伤等高寒疾病，许多人未老先衰，调查中多数职工反映此情况。建议对林区职工实行提前五年退休的政策。

2. 拓宽就业渠道并实施人才技能培训

鼓励林区职工家庭根据当地条件发展多样化的生计方式，拓展多种渠道来促进职工家庭开展家庭经营和外出打工；对于调减木材产量产生的富余职工，建议通过森林资源管护、人工造林、中幼龄林抚育、森林改造培育和政策性社会性岗位等实现转岗就业，使职工得到妥善安置；唤醒职工家庭的创业意识，鼓励和支持其自主创业，引导其分析并抓住机遇，并给予必要的政策倾斜，为其提供必要的金融支持。

一是通过了解林区的人才需求状况，根据需求，对青年劳动力进行全方位技能培训；对于中年劳动力，通过转变其就业观念，开展定向培训；对于年龄偏大劳动力，结合本人能力，开展具有岗位特征的技能培训。二是结合本地实际，实施校企联合培养专业技术人才计划。根据林区对各类专业人才的需求，依托本地职业教育培训机构采取全日制、订单式培养模式，合理设置相关专业科目，达成培训协议，签订培养订单和就业协议，建立稳固的专业性强的急需人才培养基地。

3. 给予下岗职工再就业培训和社保的补贴

自大兴安岭林区实施天保工程以来，有一部分职工下岗后被"一次性安置"，但是这部分群体再就业的效果并不理想。部分下岗人员生产技能单一，过去在岗期间主要从事森林采伐和木材加工行业，因此没有较高的技术含量。由于文化水平偏低，尽管参加某些技能培训，但也不能较快地适应替代产业所需的高质量的技术人才，因此再就业比较困难。大兴安岭地区受地域、气候等各方面原因的影响，替代产业短时间内难以形成，因而能为下岗人员提供的劳动岗位也较少。一次性安置的下岗职工普遍存在就业难的问题，因此应对这部分特殊群体的生计问题予以重视。

林区下岗职工从事林业生产和自主创业，应按照有关规定享受国家扶持政策，在再就业培训和社保补贴等方面给予重点扶持。一是提高再就业培训补贴；二是提高社保补贴。大兴安岭林区下岗职工年龄大，身体状况不佳，技能单一，素质偏低，实现稳定就业十分困难，尤其下岗失业后个人承担全部养老保险给生活带来非常实际的困难，甚至有相当一部分下岗失业人员特别是男性要等到60周岁后才能享受养老保险待遇，全部承担养老保险费更是难上加难。因此，建议提高灵活就业人员社保补贴，减轻林区下岗失业人员的生活压力。

4. 鼓励低收入职工家庭创业并提供优惠服务

（1）放宽低收入职工创业条件，简化创业审批手续，开通创业绿色通道，尽量降低低收入职工创业门槛。政府相关人员应做好全面到位的审批服务，建议有专人（"审批引导员"）全程陪同提供一条龙服务。

（2）加快发展农林产品精深加工业，对不具备转移就业条件的贫困职工，免费提供技术帮助，帮助其发展林下种植、林下养殖等项目；组织科技人员结对帮扶。

5. 支持医疗卫生事业发展

长期以来由于政企合一的管理体制，大兴安岭林区卫生医疗机构管理体制和运行机制不完善，政府卫生投入不足，医药费用上涨过快，医疗卫生保障范围小、水平低，居民个人负担过重等种种问题和矛盾，不仅给医药卫生事业可持续发展带来了严重的问题，也妨碍了林区社会的和谐发展。

（1）由于大兴安岭林区地处边远，交通不便，地广人稀，气候寒冷，服务人口少，大兴安岭林区卫生技术人员外流严重，使得大兴安岭林区在设备和技术方面与其他地区有很大差距，因此建议国家政策和资金能够向大兴安岭林区倾斜。

（2）由于政企合一管理体制，大兴安岭林区基层卫生技术人员的工资待遇偏低，建议按照教育和公检法工资，提高大兴安岭林区卫生技术人员待遇。

（3）改善大兴安岭林区的医疗卫生条件，完善医疗保障制度，加大基础设施建设力度，更新设备装备，提高医疗卫生服务能力，改善医疗卫生服务条件，全面推行医疗救助资金，为职工家庭提供一定的福利性医疗保障，摆脱因病致贫和因病返贫的困境。

6. 提高社会救助保障标准

社会救助保障体系的建立健全将有利于低收入和贫困家庭可持续生计的维持。目前大兴安岭林区在社会救助方面存在的问题有：一是社会救助工作基础薄弱、救助标准偏低。二是集中供养能力偏低，尤其是敬老院的集中供养率低。三是医疗救助制度不完善。医疗救助仅限于城乡低保对象和农村五保对象，没有向低收入人群延伸。四是临时救助没有形成制度。临时救助仅限于节假日发放一些慰问品，突发事件时给予小额度的资金补助，没有形成制度。为此提出以下建议：

（1）进一步提高保障标准。建立与经济发展相适应的低保标准的动态调整机制，建议国家提高对大兴安岭林区低保家庭补助资金的倾斜力度，使大兴安岭林区能够逐年提高低保标准，实现大兴安岭林区贫困家庭与其他家庭一起共享改革发展成果。

（2）提高集中供养能力，加强敬老院建设。

（3）完善医疗救助制度。降低医疗救助的起付线，提高医疗救助的封顶线。推行医前救助，简化医疗救助程序实行"一站式"服务。

(4) 推进建立临时救助制度。在大兴安岭林区建立临时救助制度，建立符合林区实际情况的救助形式、救助标准和救助内容。落实临时救助资金，确保临时救助工作的开展。

5.5 本章小结

本章在对大兴安岭林区进行职工家庭调研的基础上，利用 DFID 提出的分析框架，对大兴安岭林区职工家庭可持续生计状况进行了统计分析，得出以下结论。

(1) 利用调查数据描述性分析并归纳了大兴安岭林区职工家庭的生计资本特征。研究发现，大兴安岭林区中居住在山上林场的职工家庭占用的林地面积较大；大兴安岭林区职工家庭的住房面积明显低于全国城镇和农村的平均水平，住房问题较为严重；大兴安岭林区职工家庭的教育负担较为严重；林区居民的健康状况堪忧；林区职工家庭的金融资本存量偏低。

(2) 建立了生计资本的定量评估指标体系，对大兴安岭林区职工家庭的生计资本进行了定量评估。发现大兴安岭林区职工家庭拥有的 5 类生计资本中人力资本和社会资本的存量较高，资本指数分别为 0.55 和 0.44；其次是自然资本，资本指数为 0.42；而物质资本和金融资本的存量较低，资本指数依次为 0.35 和 0.15。

(3) 运用相关性分析的方法对大兴安岭林区职工家庭的生计策略与生计资本之间的关系进行分析，发现大兴安岭林区职工家庭收入总额与人力资本和社会资本之间有显著的相关性，大兴安岭林区职工家庭生活消费支出与物质资本和金融资本之间有显著的相关性。

(4) 基于收入、消费和生产投入等视角分析了大兴安岭林区职工家庭的生计策略。研究发现，参加林业局的森林资源经营抚育工作获取工资性收入是大兴安岭林区职工家庭的主要生计策略；而依靠林地资源开展林下经济活动并不是大兴安岭林区职工家庭的主要生计策略。

(5) 从职工家庭的贫困状况、就业状况以及对生态环境的影响三个方面测度了大兴安岭林区职工家庭的生计后果。研究发现，无论是基于收入数据还是消费数据，居住在山下局址的职工家庭的贫困状况较居住在山上林场的职工家庭都更为严重。

(6) 建立了改善职工家庭生计状况的政策体系框架。提出的政策建议主要包括增加生计资本存量、提高职工家庭的工资性收入、鼓励和发展林下经济及完善社会保障制度等方面的内容。

第6章 职工家庭发展林下经济的状况

6.1 职工家庭发展林下经济状况及其影响因素

本节期望通过对职工家庭这一主体发展林下经济情况进行调查分析，深入挖掘职工家庭发展林下经济的现状及存在的问题，从而进一步了解林下经济产业发展存在的问题，为确定林下经济产业的升级路径提供研究基础和依据。

由于本节研究的是黑龙江省森工林区的林下经济产业问题，所以从问卷中挑选出从事林下经济生产活动的职工家庭样本，最终获得163个有效样本。

6.1.1 职工家庭发展林下经济的描述性分析

1. 林下经济人均收入

职工家庭的收入包括工资性收入、家庭经营收入、财产性收入以及转移性收入四个部分。林下经济收入、农业生产收入以及个体经营收入构成了家庭经营收入。调查发现（表6-1），黑龙江省森工林区职工家庭的人均收入为16822.27元，其中，林下经济收入是最大的一项收入来源，为7832.65元/人，占总收入的46.56%。职工家庭的林下经济收入超过了工资性收入，说明在黑龙江省森工林区发展林下经济取得了一定的成效，为职工家庭增收做出了贡献，应进一步优化林下经济的发展，使其为改善职工家庭的生计做出更重要的贡献。从图6-1中可以看出，林下种植收入占林下经济收入比例最大，占83%；林下养殖收入和林下采集收入分别占14%和3%。这可能是因为从事林下种植的户数比较多，户数达到125户；而林下养殖和林下采集的户数分别才有29户和38户。

表6-1 职工家庭人均收入情况

项目		人均收入/元	占比/%
总收入		16822.27	100.00
工资性收入		7216.13	42.90
家庭经营收入	农业生产收入	340.92	2.03
	林下经济收入	7832.65	46.56

续表

项目		人均收入/元	占比/%
家庭经营收入	个体经营收入	280.56	1.67
	小计	8454.13	50.26
财产性收入		87.87	0.52
转移性收入		1064.14	6.32

2. 林下生产活动情况

林下种植的品种主要是木耳，有112户职工家庭种植了木耳，占89.60%。其他种植的品种还有树莓、人参、五味子、灵芝等山药材，但是都较少。林下养殖主要是林下养殖林蛙，有13户职工家庭从事林蛙养殖，其他林下养殖品种还有蜜蜂、鸡、鹿等。林下采集主要是蘑菇和山野菜的采集，分别有15户和13户；其他还有红松子和核桃等的采集。

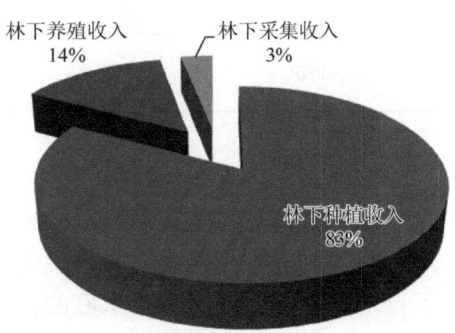

图 6-1 职工家庭林下经济收入构成情况

林下种植、林下养殖和林下采集的产品普遍存在滞销的情况（图6-2），在林下种植中存在滞销的职工家庭有36户，占28.80%；林下养殖存在滞销的职工家庭有8户，占27.59%；林下采集存在滞销的职工家庭有15户，占39.47%。

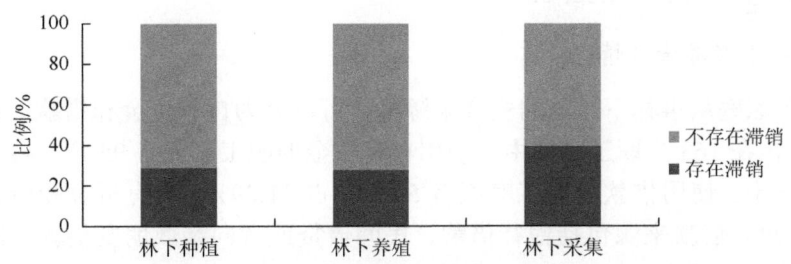

图 6-2 林下种植、林下养殖及林下采集产品销售情况

黑龙江省森工林区对林下经济生产活动进行补贴的情况较少。调查发现（表6-2），只有3户从事林下种植和林下养殖的职工家庭得到了补贴，但是补贴金额较少，这也说明就补贴来看，林业局对林下经济的扶持力度并不大，可以考虑在这一方面进行改进。

表 6-2 林下种植和林下养殖生产经营情况

项目		林下种植		林下养殖	
		户数/户	占比/%	户数/户	占比/%
生产活动补贴情况	有	3	2.40	3	10.34
	无	122	97.60	26	89.66
经营项目风险情况	风险很大	100	80.00	7	24.14
	风险一般	13	10.40	13	44.83
	不存在风险	12	9.60	9	31.03
合作经营情况	有	7	5.60	3	10.34
	无	118	94.40	26	89.66

本书还调查了职工家庭对于林下经营项目风险认知的情况。在从事林下种植生产活动的职工家庭中，有90.40%的家庭认为风险很大或者风险一般，只有9.60%的家庭认为不存在经营风险，说明大多数职工家庭对于林下经济生产经营活动并不自信，应该加大对职工家庭的扶持力度，提高他们的抗风险能力。相比林下种植而言，林下养殖的情况稍好一些，有68.97%的家庭认为风险很大或者风险一般，只有31.03%的家庭认为不存在经营风险。

针对职工家庭合作经营情况，调查发现，几乎所有职工家庭都是自己生产经营的。在林下种植中，无合作的有118户，有合作的只有7户，分别是企业1户、基地3户、合作社3户。在林下养殖中，无合作的有26户，有合作的有3户，分别是林业局1户、企业1户、合作社1户。林下种植和林下养殖两者加起来总的合作户数共是10户，仅占6.49%。

3. 林下经济资金情况

职工家庭从事林下活动的资金来源总的可以分为自有资金和借款。调查发现（表6-3），在163户职工家庭中，使用自有资金的职工家庭有95户，占58.28%，超过了一半。使用借款的职工家庭有51户，占31.29%；自有资金和借款都使用的有17户。借款来源包括银行借款、民间借贷或者向亲戚朋友借款。同时，从表6-3还可以看出，对于林下经营资金渠道通畅程度的评价，大部分职工家庭表示不通畅或者不太通畅，占58.90%，只有41.10%表示资金渠道通畅。

表 6-3 林下经济资金来源情况

项目		户数/户	占比/%
资金来源构成	自有资金	95	58.28
	借款	51	31.29
	自有资金和借款	17	10.43

续表

项目		户数/户	占比/%
林下经营资金渠道通畅程度	不通畅	40	24.54
	不太通畅	56	34.36
	通畅	67	41.10

总体来说，职工家庭在从事林下经济生产活动时观念还较为保守，大多喜欢使用自有资金进行投资，而不是通过借款的方式。也许是因为担心借款的风险，同时也因为借款比较困难。在有银行贷款的职工家庭中，有37户表示申请贷款的时候贷款过程不顺畅，并反映贷款门槛过高、利息高、额度低。从图6-3可以看出，贷款担保形式最多的是联户担保，占85%，企业林场担保占4%，财产担保占11%，企业林场担保的数量最少。总而言之，还需要强化林下经济金融服务体系，建立好林银平台，政府和林业局应该做好林户与金融机构之间的沟通工作，加强合作关系，保障职工家庭林下经济生产经营活动的资金来源顺畅。

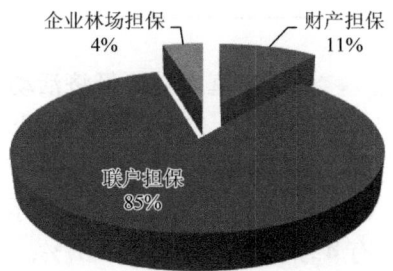

图 6-3　银行贷款担保情况

4. 职工家庭对林下经济生产活动的评价

职工家庭是从事林下经济生产活动的重要主体，能够对林下经济发展做出客观真实的评价。本书调查了职工家庭对其从事的林下经济生产活动情况的评价，评价的内容包括生产成本、林下经济收入、生产技术、抗风险能力、市场竞争力等情况。调查发现（表6-4），有15户职工家庭表示生产成本与上一年度相比降低了，占9.20%；有25户职工家庭表示林下经济收入与上一年度相比增加了，占15.34%；有28户职工家庭表示其生产技术改进了，占17.18%；有28户职工家庭表示其抗风险能力增强了，占17.18%；有22户职工家庭表示其市场竞争力提高了，占13.50%。

表 6-4　林下经济生产活动评价情况

类别		户数/户	占比/%
生产成本降低	是	15	9.20
	否	148	90.80
林下经济收入增加	是	25	15.34
	否	138	84.66

续表

类别		户数/户	占比/%
生产技术改进	是	28	17.18
	否	135	82.82
抗风险能力增强	是	28	17.18
	否	135	82.82
市场竞争力提高	是	22	13.50
	否	141	86.50

职工家庭对林下经济活动的总体评价都不高。调查发现（图6-4），针对以上5项内容，有121户职工家庭表示没有一项得到改善，占74.23%；有12户职工家庭表示有1项得到改善，占7.36%；有10户职工家庭表示有2项得到改善，占6.13%；有11户职工家庭表示有3项得到改善，占6.75%；有5户职工家庭表示有4项得到改善，占3.07%；有4户职工家庭表示有5项得到改善，占2.45%。

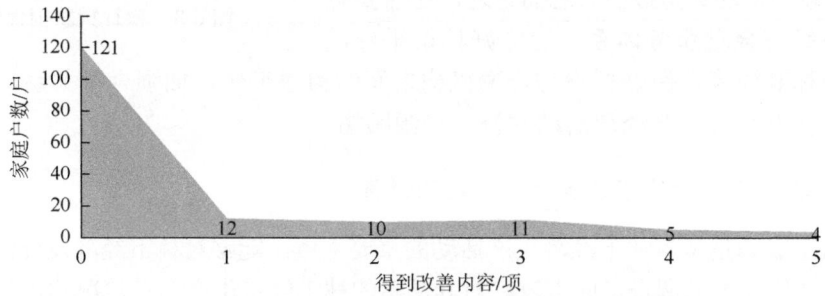

图6-4 林下经济生产活动评价情况分布图

本书还对职工家庭进行林下经济生产活动过程中的原料投入和产品销售等环节进行了调查，让其对相关环节所面临的问题进行评价。调查发现（表6-5），在生产投入环节，大多数职工家庭认为生产材料供应问题不大，但是也有21.47%的职工家庭认为供应存在问题，主要问题集中在原材料购买价格和质量方面。同时，经营活动所用的土地存在分散的情况较少，只占14.72%。

表6-5 林下经济产品生产供应与销售环节评价情况

项目		户数/户	比例/%
生产材料供应是否有问题	是	35	21.47
	否	128	78.53
经营地块是否分散	是	24	14.72
	否	139	85.28

续表

项目		户数/户	比例/%
产品质量情况	不好	12	7.36
	一般	49	30.06
	较好	102	62.58
市场信息渠道通畅程度	不通畅	61	37.42
	不太通畅	57	34.97
	通畅	45	27.61
是否存在市场信息不灵敏反应滞后	否	74	45.40
	是	89	54.60

对于林下经济产品质量评价，超过一半的职工家庭认为生产的产品质量较好，占 62.58%，不好的仅占 7.36%。对于林下经济产品市场的信息来源通畅程度，有 72.39%的职工家庭认为市场信息不通畅或者不太通畅，反映没有相关部门提供林下经济产品销售的价格信息。同时，也有 54.60%的职工家庭反映存在市场信息不灵敏反应滞后的问题。从这两者可以看出林下经济产品市场信息的提供状态不太理想，市场服务体系还有待于进一步完善。

5. 林下经济社会化服务情况

黑龙江省森工林区社会化服务提供情况并不理想。调查发现，只有30.67%的职工家庭得到过社会化服务。而在得到社会化服务的职工家庭中，有26.00%表示不满意，42.00%表示一般满意。

本书还调查了林下经济社会化服务提供主体的情况。根据调查，有 38 户职工家庭反映林业局是提供社会化服务的主体，占 76.00%。此外，还分别有 8 户和 4 户职工家庭反映向其提供社会化服务的主体是合作组织（协会）和技术推广部门。对于社会化服务的需求，超过一半的职工家庭表示需要社会化服务，占 57.06%（表 6-6）。

表 6-6 社会化服务情况

项目		户数/户	比例/%
有无社会化服务提供	有	50	30.67
	没有	113	69.33
社会化服务提供主体	林业局	38	76.00
	合作组织（协会）	8	16.00
	技术推广部门	4	8.00

续表

项目		户数/户	比例/%
社会化服务提供满意度	不满意	13	26.00
	一般满意	21	42.00
	很满意	16	32.00
是否需要社会化服务	需要	93	57.06
	不需要	70	42.94

6.1.2 职工家庭发展林下经济的影响因素分析

1. 变量的选择

1）被解释变量的选择

收入是衡量生产活动的一项重要指标，职工家庭的林下经济收入情况能够从侧面反映职工家庭发展林下经济生产情况的好坏。所以本节从林下经济收入的角度对职工家庭发展林下经济情况进行分析，研究职工家庭林下经济收入的影响因素。将林下经济人均年收入作为被解释变量，并建立计量经济模型进行实证研究。

2）解释变量的选择

有关林下经济收入的影响因素可以分为四类。

第一类是户主及家庭特征。①户主年龄。户主随着年龄的增加，积累林业生产活动的经验就越丰富，虽然林下经济是近些年才开始发展起来的，但是凭借其原来丰富的林业生产经验，会对林下经济生产有所帮助，从而提高林下经济的收入，预期会对林下经济收入产生正向作用。②户主受教育年限。户主受教育年限越长，接受和掌握新事物或新技术的能力越强，思想也更为开放长远，对于林下经济收入会产生正向作用。③家庭劳动力人数。从事林下经济生产活动需要投入足够的人力资源，家庭劳动力人数越多就代表能够投入的人力资源就越多，投入的人力资源越多，收入越有可能增加。所以家庭劳动力人数对于林下经济收入有正向作用。④对林业技术关注度。户主平时对林业技术关注度越高，对技术信息了解就越全面及时，就越有利于提高自身的技术水平，从而对林下经济收入有正向作用。

第二类是生产投入情况。①林下经营资金渠道通畅程度。资金的投入是必不可少的，经营资金来源通畅，资金充足，职工家庭就能够更好发展林下经济，从而对林下经济收入有正向作用。②生产资料供应是否有问题。生产资料的供应直接影响生产的及时性、生产规模以及产品质量等，它是整个生产的首要环节,如果生产资料供应环节出了问题,会直接影响职工家庭林下经济收入,有反向作用。

第三类是产品销售情况。①产品销售运输是否顺畅。现在林区的交通运输道路建设与城市相比,没有城市方便快捷,很多林区交通都不是特别发达,如果产品销售运输顺畅的话,职工家庭就能把生产好的产品销售到外面去,进而增加销量和收入,它直接影响林下经济收入,有正向作用。②产品质量情况。产品质量越好,职工家庭的讨价还价能力也就越强,越利于林下经济收入的增加,所以有着正向作用。③从事林下经济的市场信息渠道通畅程度。从事林下经济的市场信息越容易获得,职工家庭所知悉的信息就越及时、越全面。市场信息越畅通,就越能够促进产品销售,所以对林下经济收入有正向作用。④是否存在市场信息不灵敏反应滞后。如果市场信息不灵敏、反应滞后,职工家庭在市场竞争中会处于劣势状态,带来经济上的损失,所以其对林下经济收入存在反向作用。

第四类是其他外部因素。①经营项目是否有林业局引导。如果林下经济生产活动有林业局的引导,会增加职工家庭的信心和抗风险能力,对于林下经济收入有正向作用。②是否有社会化服务。这里所说的社会化服务主要是指当地在林下经济生产活动的技术、价格、政策法律、信用担保、介绍贷款等方面提供服务的情况,若职工家庭得到其中的一项服务,即视为有社会化服务,否则视为无社会化服务。社会化服务体系健全,职工家庭从事林下经济生产活动就有所保障,对于林下经济收入有正向作用。③经营地块是否分散。如果地块分散,职工家庭就要花费更多的时间成本、资金成本和人力成本来进行生产,会增加林下经济活动的生产成本。相反,地块越集中,就越容易进行集中管理,可以节约成本,所以经营地块的分散程度会对林下经济收入产生反向作用。④是否加入合作社。如果加入合作社,职工家庭就会对生产相关的原料信息、技术信息以及销售信息了解得更加全面,从而保证林下经济生产活动的正常进行,对林下经济收入有正向作用。具体变量名称及取值说明如表6-7所示。变量的描述性统计分析如表6-8所示。

表 6-7 变量名称及取值说明

变量类型	变量名称		取值说明	方向
被解释变量	林下经济人均年收入		连续变量	—
解释变量	户主及家庭特征	户主年龄	连续变量	正
		户主受教育年限	连续变量	正
		家庭劳动力人数	连续变量	正
		对林业技术关注度	1=不关注,2=偶尔关注,3=经常关注	正

续表

变量类型		变量名称	取值说明	方向
解释变量	生产投入情况	林下经营资金渠道通畅程度	1=不通畅,2=不太通畅,3=通畅	正
		生产资料供应是否有问题	0=否,1=是	负
	产品销售情况	产品销售运输是否顺畅	0=否,1=是	正
		产品质量情况	1=不好,2=一般,3=较好	正
		从事林下经济的市场信息渠道通畅程度	1=不通畅,2=不太通畅,3=通畅	正
		是否存在市场信息不灵敏反应滞后	0=否,1=是	负
	其他外部因素	经营项目是否有林业局引导	0=否,1=是	正
		是否有社会化服务	0=否,1=是	正
		经营地块是否分散	0=否,1=是	负
		是否加入合作社	0=否,1=是	正

表 6-8 变量的描述性统计分析

变量名称	平均值	标准差	最小值	最大值
林下经济人均年收入/元	11410.88	14112.93	900	89650
户主年龄/岁	47.40	7.17	28	74
户主受教育年限/年	9.73	2.77	0	17
家庭劳动力人数/人	2.08	0.78	1	4
对林业技术关注度	1.89	0.78	1	3
林下经营资金渠道通畅程度	2.17	0.79	1	3
生产资料供应是否有问题	0.21	0.41	0	1
产品销售运输是否顺畅	0.54	0.50	0	1
产品质量情况	2.44	0.69	1	3
从事林下经济的市场信息渠道通畅程度	1.94	0.80	1	3
是否存在市场信息不灵敏反应滞后	0.53	0.50	0	1
经营项目是否有林业局引导	0.50	0.50	0	1
是否有社会化服务	0.31	0.46	0	1
经营地块是否分散	0.15	0.36	0	1
是否加入合作社	0.09	0.29	0	1

2. 模型选择及运行结果

1) 模型选择

鉴于林下经济人均年收入为连续型被解释变量,为验证其与核心解释变量间的线性关系,选择多元线性回归模型。模型的方程如下:

$$Y = \alpha_0 + \alpha_1 x_1 + \alpha_2 x_2 + \cdots + \alpha_p x_p + \varepsilon \tag{6-1}$$

式中,α_0 为常数项,表示回归线的截距;$\alpha_1, \alpha_2, \cdots, \alpha_p$ 为各个解释量的斜率;$x_1, x_2, \cdots, x_p$ 为影响林下经济人均年收入的 p 个解释变量;ε 为随机扰动项。

2) 模型运行结果

本书运用 STATA12.0 对 163 户样本数据进行了 OLS 回归分析。为了使林下经济人均年收入更接近正态分布,消除异方差,将收入进行了取自然对数处理。在 OLS 回归中,Prob>F = 0.0000,R^2 = 0.5813,从这两个指标数值中可以看出模型的拟合度较好。具体运行结果如表 6-9 所示。

表 6-9 模型运行结果

变量名称	相关系数	标准误
户主年龄	−0.0045	−0.0120
户主受教育年限	−0.0030	0.0310
家庭劳动力人数	−0.1556	0.1022
对林业技术关注度	−0.1602	0.1178
林下经营资金渠道通畅程度	0.5096***	0.1124
生产资料供应是否有问题	−0.3701*	0.1972
产品销售运输是否顺畅	−0.1133	0.1625
产品质量情况	−0.1187	0.1067
从事林下经济的市场信息渠道通畅程度	0.2031*	0.1091
是否存在市场信息不灵敏反应滞后	0.1829*	0.0942
经营项目是否有林业局引导	1.4173***	0.1795
是否有社会化服务	0.1407*	0.1796
经营地块是否分散	−0.5200**	0.2212
是否加入合作社	−0.5569	0.2717
常数项	7.8437	0.8005
调整后的 R^2	0.5417	
F 值	14.68	

***、**、*分别表示在 1%、5%、10%的水平上显著。

(1) 林下经营资金渠道通畅程度对林下经济人均年收入有显著影响,且方向为正。说明资金来源越通畅,越能促进林下经济收入增加。在 163 户样本中,有 58.90%的职工家庭反映资金渠道不通畅或不太通畅,同时,也反映向银行贷款手续烦琐,贷款难,缺乏资金来源。从第 3 章林下经济资金投入来源情况也可以看出,2011~2013 年,个人投资所占比例最大,银行贷款所占比例居第三位,政府投资所占比例最低。今后可以考虑进一步优化金融服务体系,如提供贴息贷款、延长贷款期限、放宽贷款条件等,进一步加大对资金的扶持力度,以使林下经济资金来源渠道更加通畅,保证正常的生产经营,促进职工家庭林下经济收入的增加。

(2) 生产资料供应是否有问题对林下经济人均年收入有显著影响,且方向为负。说明生产材料供应及时,质量优良,会对林下经济人均年收入有积极影响。

(3) 从事林下经济的市场信息渠道通畅程度对林下经济人均年收入有显著影响,且方向为正。在 163 个样本中,有 72.39%的职工家庭认为市场信息渠道不通畅。实地调研过程中,职工家庭也反映没有产品的销售价格信息来源,希望相关部门能够帮忙联系买家,提供价格最低保护,等等。说明应该建立完善的市场信息提供服务体系,保障林下经济生产活动的市场信息通畅,以对林下经济人均年收入产生促进作用。

(4) 是否存在市场信息不灵敏反应滞后对林下经济人均年收入有显著影响,且方向为负。在 163 户样本中,有 54.60%的职工家庭反映存在市场信息不灵敏反应滞后的问题,可以看出市场信息的提供状态不太理想。要注意建立良好的市场竞争机制,保证市场信息准确完善,传递及时。同时政府做好市场信息沟通工作,提高职工家庭的抗风险能力。

(5) 经营项目是否有林业局引导对林下经济人均年收入有显著影响,且方向为正。说明如果经营项目有林业局引导,职工家庭在进行林下经济生产的时候就有保障,抗风险能力就会增强。实地调查中,林下经营项目没有林业局引导的比例超过一半,占 53.37%。林业局应该积极做好带头引导作用,努力提高职工家庭林下经济收入。

(6) 是否有社会化服务对林下经济人均年收入有显著影响,方向为正。说明当地的社会化服务体系越完善,就越能促进职工家庭林下经济收入的增加。在实地调研的数据中,提供社会化服务的比例很小,只有 30.30%。当地林业局应该做好社会化服务提供的工作,及时更新各种信息和不断充实完善各种服务,提高职工家庭的抗风险能力。

(7) 经营地块是否分散对林下经济人均年收入有显著影响,且方向为负。说明积极引导职工家庭进行生产,在进行经营地块规划时,做好规划,使职工家庭能够进行集中生产,从而提高他们的风险防范能力和节约成本。

6.2 发展林下经济的金融需求分析

6.2.1 职工家庭发展林下经济的金融需求分析

调查发现，绝大多数住户认为从事林下经营的资金渠道一般和不太通畅（$n=316$[①]）。具体地，在所调查的住户中，21.20%的住户认为从事林下经营的资金渠道不通畅；36.39%的住户认为从事林下经营的资金渠道不太通畅；39.56%的住户认为从事林下经营的资金渠道一般；2.85%的住户认为从事林下经营的资金渠道通畅，详见图6-5。

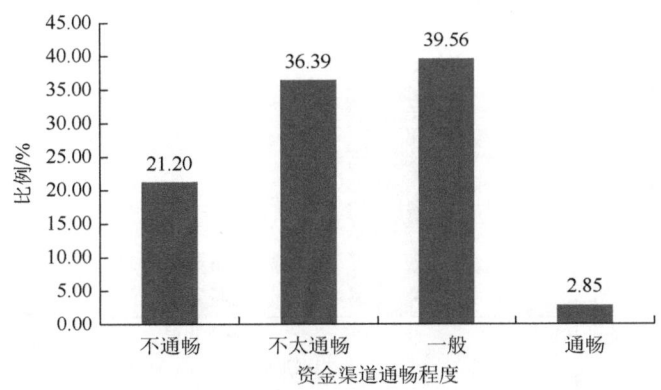

图6-5 职工家庭的林下经营资金渠道通畅程度

调查发现，进行过银行贷款的住户中，多数人认为贷款过程顺畅（$n=122$）。具体地，在所调查的进行过银行贷款的住户中，44.26%的住户认为贷款过程不顺畅，55.74%的住户认为贷款过程顺畅，详见图6-6。

调查发现，进行过银行贷款的住户中，多数人采取的贷款担保形式是联户担保（$n=94$）。具体地，在所调查的进行过银行贷款的住户中，5.32%的住户采取的贷款担保形式是企业林场担保；81.92%的住户采取的贷款担保形式是联户担保；9.57%的住户采取的贷款担保形式是财产担保；3.19%的住户采取的贷款担保形式是其他担保，详见图6-7。

调查发现，进行过银行贷款的住户中，多数人的贷款次数较少（$n=76$）。具体地，在所调查的进行银行贷款的住户中，46.05%的住户的贷款次数为1次；51.32%的住户的贷款次数介于2～5次；2.63%的住户的贷款次数介于6～10次，详见图6-8。

---

① n 表示回答问题的有效样本数。

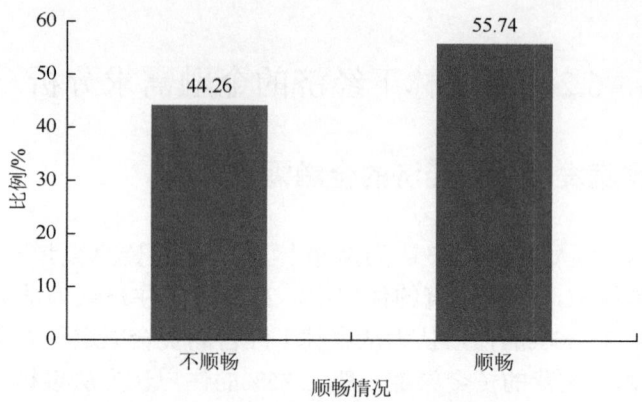

图 6-6　职工家庭贷款过程的顺畅情况

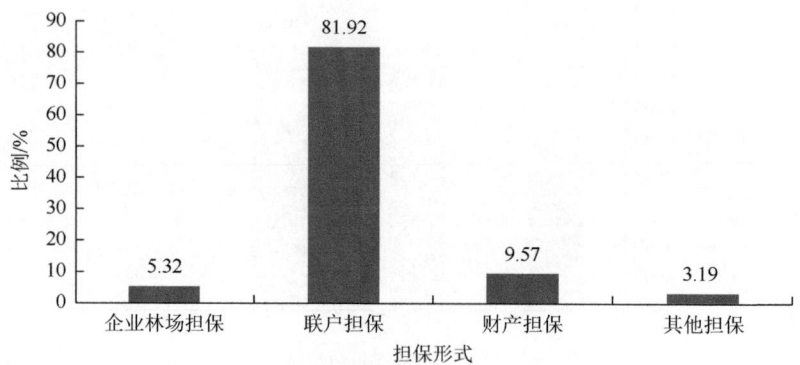

图 6-7　职工家庭银行贷款担保形式情况

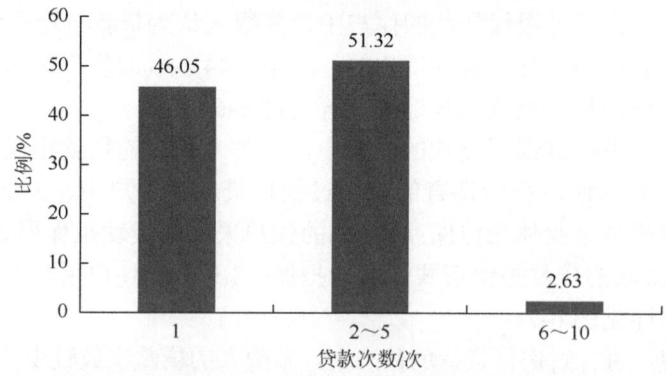

图 6-8　职工家庭银行贷款次数情况

调查发现，多数住户希望银行在林下经营贷款方面给予的优惠政策是贷款贴息（$n=254$）。具体地，在所调查的住户中，11.02%的住户持无所谓的态度；37.40%

的住户最希望银行在林下经营贷款方面给予的优惠政策是贷款贴息；7.87%的住户最希望银行在林下经营贷款方面给予的优惠政策是延长贷款期限；21.66%的住户最希望银行在林下经营贷款方面给予的优惠政策是降低贷款条件；6.30%的住户最希望银行在林下经营贷款方面给予的优惠政策是简化贷款手续；1.18%的住户最希望银行在林下经营贷款方面给予的优惠政策是其他；14.57%的住户最希望银行在林下经营贷款方面给予的优惠政策是多项兼而有之，详见图6-9。

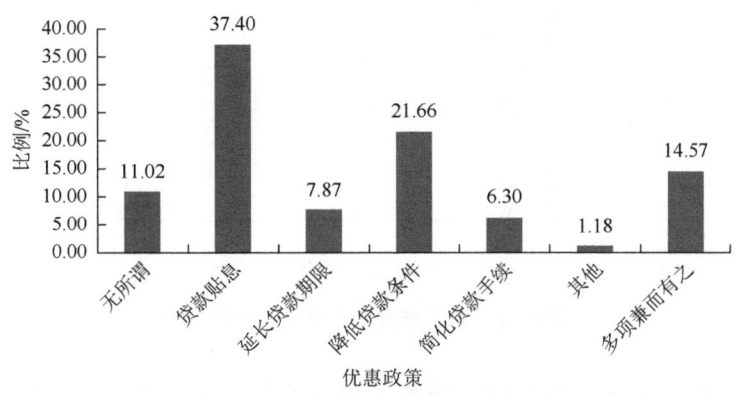

图6-9　职工家庭贷款希望得到的优惠政策情况

调查发现，在不考虑贷款条件的前提下，绝大多数住户希望从银行贷款的额度较小（$n=185$）。具体地，在所调查的住户中，71.89%的住户希望从银行贷款的额度小于5万元；20.00%的住户希望从银行贷款的额度介于5万～10万元；5.95%的住户希望从银行贷款的额度介于11万～20万元；2.16%的住户希望从银行贷款的额度大于20万元，详见图6-10。

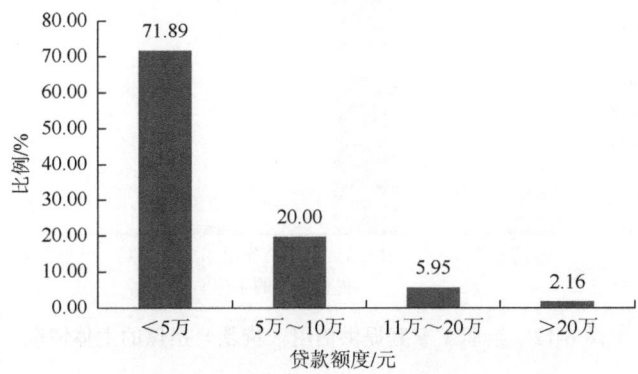

图6-10　职工家庭希望得到的贷款额度情况

调查发现，在不考虑贷款条件的前提下，大多数住户希望从银行贷款的期限较短（$n=182$）。具体地，在所调查的住户中，52.74%的住户希望从银行贷款的期限小于 2 年；43.41%的住户希望从银行贷款的期限介于 2～5 年；3.85%的住户希望从银行贷款的期限大于 5 年，详见图 6-11。

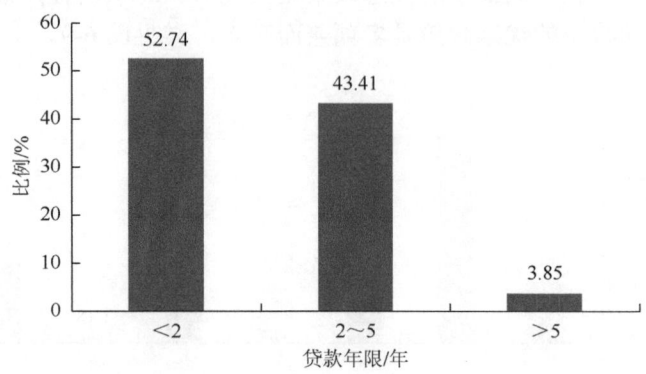

图 6-11　职工家庭希望的贷款年限情况

调查发现，在接触过信用（贷款）担保的住户中，绝大多数住户接触过的信用（贷款）担保提供主体是林业局（$n=30$）。具体地，在所调查的接触过信用（贷款）担保的住户中，6.67%的住户所接触过信用（贷款）担保提供主体是政府；86.67%的住户所接触过信用（贷款）担保提供主体是林业局；3.33%的住户所接触过信用（贷款）担保提供主体是合作组织（协会）或其他民间主体，详见图 6-12。

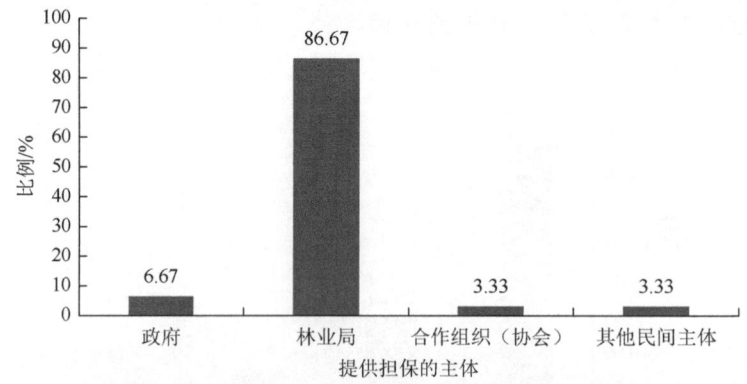

图 6-12　给职工家庭提供信用（贷款）担保的主体情况

调查显示（$n=30$），在接触过信用（贷款）担保的住户中，大多数的住户对目前的信用（贷款）担保满意。具体地，在所调查的接触过信用（贷款）担保的住户中，53.33%的住户对目前的信用（贷款）担保满意；23.33%的住户对目前的信用（贷款）担保比较满意；16.67%的住户对目前的信用（贷款）担保一般满意；只有6.67%的住户对目前的信用（贷款）担保不满意，详见图6-13。

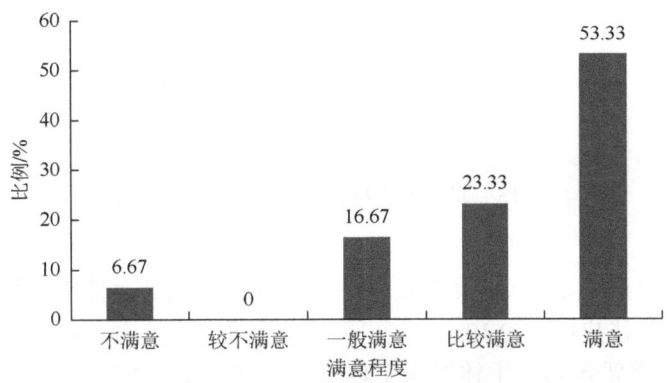

图 6-13　职工家庭对贷款担保的满意程度情况

调查发现（n = 177），绝大多数住户表示需要各类主体提供信用（贷款）担保。具体地，在所调查的住户中，84.18%的住户表示需要各类主体提供信用（贷款）担保；15.82%的住户表示不需要各类主体提供信用（贷款）担保，详见图6-14。

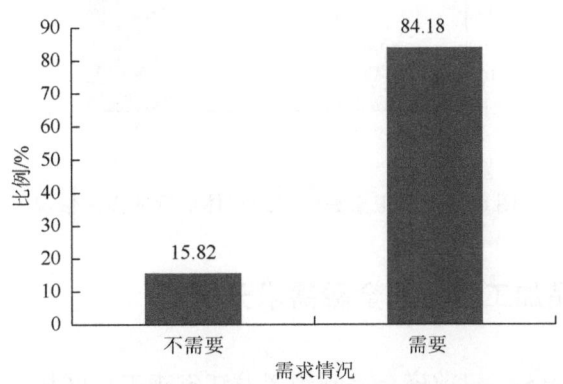

图 6-14　职工家庭对贷款担保的需求情况

调查发现（n = 170），绝大多数住户表示需要各相关主体介绍贷款渠道。具体地，在所调查的住户中，83.53%的住户表示需要各相关主体介绍贷款渠道；16.47%的住户表示不需要各相关主体介绍贷款渠道，详见图6-15。

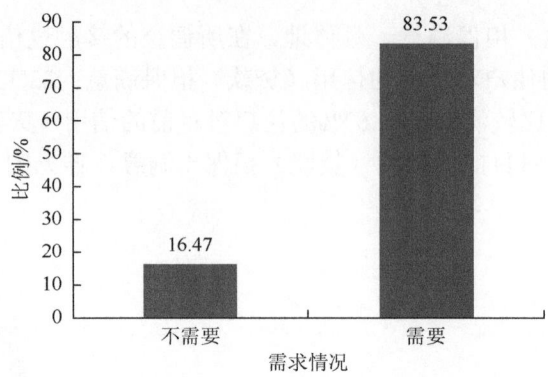

图 6-15 职工家庭对介绍贷款渠道的需求情况

调查发现（$n=149$），绝大多数住户表示需要各相关主体组织集体贷款。具体地，在所调查的住户中，79.19%的住户表示需要各相关主体组织集体贷款；20.81%的住户表示不需要各相关主体组织集体贷款，详见图 6-16。

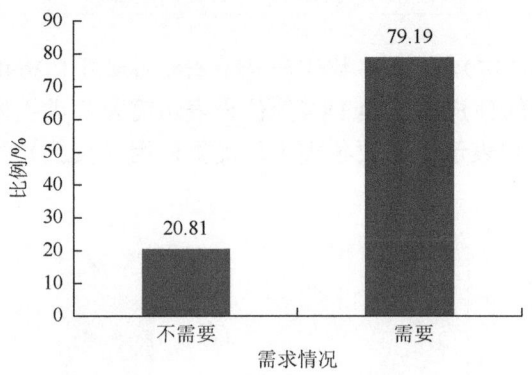

图 6-16 职工家庭对组织集体贷款的需求情况

6.2.2 林下产品加工企业的金融需求分析

调查发现（$n=5$），目前资金是制约黑龙江省森工林区林下产品加工企业发展的主要因素，企业有着较为强烈的金融需求。具体地，在所调查的企业中，80%的企业认为资金短缺是制约其发展的主要因素之一；60%的企业认为市场需求不足是制约其发展的主要因素之一；40%的企业认为技术水平低是制约其发展的主要因素之一；40%的企业认为政府支持不足是制约其发展的主要因素之一；20%的企业认为生产原料短缺是制约其发展的主要因素之一，详见表 6-10。

表 6-10　林下产品加工企业发展的制约因素情况

制约企业发展的因素	企业数/个	占比/%
市场需求不足	3	60
技术水平低	2	40
资金短缺	4	80
政府支持不足	2	40
竞争者行为	0	0
生产原料短缺	1	20

注：由于是多项选择，故各项占比之和不等于100%。

调查发现（$n=5$），绝大多数企业希望政府在贷款贴息环节给予财政扶持。具体地，在所调查的企业中，80%的企业希望政府在贷款贴息环节给予财政扶持；40%的企业希望政府在设备购买环节给予财政扶持；80%的企业希望政府在能源原料环节给予财政扶持；20%的企业希望政府在出口基地环节给予财政扶持，详见表6-11。

表 6-11　选择各因素的企业数及其占调研总企业数的比例

希望政府给予财政扶持的环节	企业数/个	比例/%
贷款贴息	4	80
设备购买	2	40
能源原料	4	80
出口基地	1	20

注：由于是多项选择，故各项占比之和不等于100%。

调查发现（$n=5$），绝大多数企业在生产经营过程中没有享受过金融信贷扶持。具体地，在所调查的企业中，80%的企业表示没有享受过金融信贷扶持，仅有20%的企业表示享受过金融信贷扶持。

调查显示（$n=5$），绝大多数企业认为有关部门需要加强的融资服务是贷款贴息。具体地，在所调查的企业中，80%的企业认为需要加强的融资服务是贷款贴息；60%的企业认为需要加强的融资服务是设立针对林下产品加工企业融资的转型基金；20%的企业认为需要加强的融资服务是奖励提供贷款的金融机构，详见表6-12。

表 6-12　选择各因素的企业数及其占调研总企业数的比例

需要加强的融资服务	企业数/个	比例/%
设立针对林下产品加工企业融资的转型基金	3	60
贷款贴息	4	80
奖励提供贷款的金融机构	1	20

注：由于是多项选择，故各项占比之和不等于100%。

6.3 林下经济的经济效益及效率的实证研究

林下经济是借助林地的生态环境，在林冠下开展林、农、牧等多种项目的复合经营（刘新波，2007）。2012年2月，中央一号文件《关于加快推进农业科技创新持续增强农产品供给保障能力的若干意见》提出支持发展林下经济，加快了各地林下经济的发展步伐。2012年7月，国务院办公厅印发《国务院办公厅关于加快林下经济发展的意见》，肯定了近年来各地区发展林下经济对增加农民收入、巩固生态建设成果和加快林业产业结构调整步伐所发挥的重要作用，明确了林下经济发展的总体要求和主要任务。以上的政策和文件表明，林下经济在中国现阶段经济社会发展中的地位和作用越来越突出，而中央也把发展林下经济提到了一定的战略高度。

国外尚未提出林下经济的概念，作为一种经济活动，与之相对应的是"农林复合经营"，而作为一种实体产品，与之相对应的是"非木质林产品"。农林复合经营是指在同一土地经营单元上，按照生态经济学的原理，将林农牧副渔等多种产业相结合，实行多物种共栖、多层次配置、多时序组合、物质多级循环利用的高效生产体系（黄文丁和王汉杰，1992）。农林复合经营的研究最早见于20世纪80年代，联合国粮农组织（FAO）林业委员会最早提议将林业与农牧业相结合（李金海和史亚军，2009）。当前，国外对农林复合经营的研究集中于农林复合系统的种间互作（Jose et al.，2004；Everson et al.，2009；Odhiambo et al.，2001）、农林复合经营能量流动和物质循环（Gnankambary et al.，2008；Noordwijk 和 Lusiana，1998）、农林复合经营效益评价（Moreno et al.，2007；Schoeneberger，2009；Banful et al.，2000）等方面。非木质林产品（non-wood forest products 或 non-timber forest products，NWFPs 或 NTFPs）是指从以森林资源为核心的生物群落中获得的能满足人类生存或生产需要的产品和服务（冯彩云，2001）。国外对非木质林产品的研究主要集中于非木质林产品与居民生计（Belcher et al.，2005；Newton et al.，2006；Heubach et al.，2011）、非木质林产品生产与销售（Aiyeloja and Ajewole，2006；Babalola，2009）、消费者对非木质林产品的需求及其影响因素（Kilchling et al.，2009）等方面。总体而言，国外对农林复合经营效率或非木质林产品生产效率的研究较少。

国内理论界关于林下经济的研究较多，然而，总体而言，当前开展的林下经济的相关研究不尽成熟。主要表现在以下几点：第一，研究主要集中在林下经济的内涵、特点、意义、发展模式、发展前景及各地林下经济实践经验总结等方面（罗元浩等，2014；吴成亮等，2013；李金海等，2013；杜德鱼，2013；陈波等，2013；汤志华和刘晓华，2012；翟明普，2011；于小飞等，2010），从农户或职工家庭视角开展的研究偏少。第二,以规范研究为主,由于缺乏实证分析,研究结论的说服力不强。第三,效率是经营的核心命题,也是考察农户林业经营决策能力、资源配置有效性的重要标准(石丽芳和张春霞,2012)。然而,对林下经营效率的研究极为有限,李树明等(2010)对林下食用菌生产效率的研究与彭斌和刘俊昌(2014)对广西壮族自治区7个县林下经济发展效率的研究为笔者所仅见,且彭斌等的研究视角为县级层面而非农户微观层面。基于此,笔者使用调研获取的一手数据,对国有林区职工家庭林下经营效率进行测算,进而分析影响林下经营效率的因素,为提升国有林区职工家庭林下经营效率提供参考。

6.3.1 研究方法与模型

以 Coelli(1998)为代表的一批经济学家提出两阶段法用于分析效率的影响因素。该方法主要分为两步:第一步是利用 DEA 分析测度各决策单元的效率值;第二步是建立回归模型进行影响因素分析。

DEA 是数据包络分析(data envelopment analysis)的简称,其基本思想是通过线性规划的方法来评价相同类型决策单元(DMU)间的相对有效性。作为一种非参数效率评价方法,其不需要指定生产函数的具体形式,因而可以避免因函数形式设定不当而导致的偏误(李平和随洪光,2008)。此外,其特别适用于多输入-多输出的有效性综合评价问题。由于 DEA 模型已经比较成熟和完备,因此具体的理论推导和模型表达式在此不再赘述。本书采用产出导向型的 BCC 模型,第一步利用 DEAP2.1 软件对职工家庭林下经营效率进行测算。第二步是以第一步测算的效率值作为因变量,以各影响因素作为自变量进行回归分析。由于利用 DEA 方法测算的效率值介于 0~1,数据具有被删截的特征;若直接用最小二乘法进行估计,参数的估计将是有偏且非一致的,而采用极大似然估计的 Tobit 模型能较好地处理该问题。Tobit 模型的一个重要特征是解释变量取实际观测值,而被解释变量只能以受限制的方式被观测到(张伟等,2006)。该模型的基本形式见式(6-2):

$$Y_i^* = X_i\beta + \varepsilon_i, \ i=1,2,\cdots,n \quad \varepsilon_i \sim N(0,\sigma^2)$$

$$Y_i = \begin{cases} Y_i^*, & Y_i^* > 0 \\ 0, & Y_i^* \leq 0 \end{cases} \quad (6\text{-}2)$$

式中,Y_i^* 为潜在因变量;Y_i 为观察到的因变量,即测算的效率值;X_i 为自变量向量;β 为相关系数向量;ε_i 为独立干扰项。

6.3.2 数据来源与指标选择

1. 数据来源

研究数据来源于 2014 年 7~8 月对黑龙江省国有林区职工家庭的实地调查。调查样本的选择采用分层随机抽样的方法,即先通过典型抽样,在黑龙江省国有林区选择 9 个林业局(县),这 9 个林业局(县)分别隶属于黑龙江省森工总局、黑龙江省大兴安岭林业管理局(现大兴安岭林业集团公司)和黑龙江省林业厅(现黑龙江省林业和草原局)等 3 个林业系统,它们均为发展林下经济比较典型的林业局,从而具有较强的代表性。然后在每个林业局选择 3~5 个发展林下经济的典型林场,最后对每个林场的职工家庭进行随机问卷调查,获得 372 个有效问卷(表 6-13)。在所调查的 372 个职工家庭中,有 277 户从事林下经营(包括林下种植、林下养殖和林下采集),占 74.46%。由于林下种植、林下养殖和林下采集的生产投入方式存在很大的差异,导致效率测算也存在诸多差异,加之部分家庭的部分指标信息存在缺失,无法进行 DEA 分析及后面的 Tobit 回归。因此,在从事林下经营 277 个样本中筛选出 48 个信息完备的发展林下种植的职工家庭作为林下经营效率评价的决策单元,并以其相关信息进行 Tobit 回归。因此,具体来看,书中的林下经营效率指的是林下种植效率。

表 6-13 调研地点分布

市(地区)	林业局	管理机构	样本/户
哈尔滨	苇河林业局	黑龙江省森工总局	60
	亚布力林业局	黑龙江省森工总局	60
	清河林业局	黑龙江省森工总局	35
	绥棱林业局	黑龙江省森工总局	11
牡丹江	绥阳林业局	黑龙江省森工总局	38
	东宁县林业局	黑龙江省林业厅	34
	柴河林业局	黑龙江省森工总局	61
伊春	五营林业局	黑龙江省森工总局	48
大兴安岭	塔河林业局	黑龙江省大兴安岭林业管理局	25

2. 指标选择

传统经济学理论把经济产出的增长归因于劳动、资本和土地 3 种生产要素的投入,因此 DEA 模型指标选择方面,本书选择 2013 年职工家庭的林下经营收入作为产出指标,选择 2013 年用于林下种植经营的林地面积、林下种植生产经营费用和家庭劳动力数量作为投入指标(表 6-14)。林下经营收入此处即林下种植收入。林下种植的生产经营费用包括林地使用费、农药费用、化肥费用、雇工费用、种子(苗)费用、农膜费用、畜力费用、农机服务费用、水利灌溉费用、电力费用和其他生产资料花费。劳动力投入最好选取职工家庭林下经营的实际用工量——投入总工时,但限于数据的可获得性,本书选取家庭劳动力数量作为投入总工时的替代指标。

表 6-14 职工家庭投入产出指标及解释

类别	指标	指标解释
投入指标	林地投入	林下种植林地面积
	资金投入	林下种植的生产经营费用
	劳动力投入	家庭劳动力数量
产出指标	林下经营收入	林下种植收入

Tobit 模型变量选择方面,借鉴已有的林业生产效率影响因素(刘振滨等,2014;臧良震等,2011)和仅有的林下食用菌生产效率影响因素(李树明等,2010)等研究成果,考虑林下经营实际,选取以下变量作为自变量:①户主个人特征变量,如户主年龄、户主受教育程度、户主健康状况;②林地特征变量,如林地块数、林地离家距离、林地离公路距离;③资金因素变量,如林下经营收入占家庭总收入的比例、从事林下经营资金渠道的畅通性。上述变量的描述性统计分析如表 6-15 所示。

表 6-15 变量定义与描述性分析

变量	变量定义及解释	均值	标准差	预期方向
户主年龄(x_1)	户主的实际年龄/岁	46.48	7.074	+
户主受教育程度(x_2)	户主的受教育年限/年	10.33	2.668	+
户主健康状况(x_3)	1=差,2=一般,3=好	2.75	0.636	+
林地块数(x_4)	家庭经营林地的地块总数/块	1.04	0.202	−
林地离家距离(x_5)	面积最大林地离家的距离/m	5566.67	9639.096	−
林地离公路距离(x_6)	面积最大林地公路的距离/m	4060.21	10278.549	−
林下经营收入占家庭总收入的比例(x_7)	家庭对林下经营的依赖程度	0.58	0.289	+
从事林下经营资金渠道的畅通性(x_8)	0=不畅通,1=不太畅通,2=畅通	1.29	0.798	+

注:"+"表示正向影响,"−"表示负向影响。

在计算"林地离家距离"和"林地离公路距离"时，如果家庭具有多个地块，计算"各地块平均距离"并不能很好地反映林地离家和离公路距离的真实情况。因此，此处以"面积最大林地离家的距离"和"面积最大林地离公路的距离"来描述林地离家和离公路距离。对面积最大林地的要求是其面积为家庭其余任何一块林地面积的 7 倍及以上，通过分析发现，所有具有多个地块的家庭均满足该条件。

6.3.3 结果与分析

1. 林下经营效率测算

本书选取 48 个样本，利用 DEAP2.1 软件对职工家庭林下经营综合效率（即技术效率）进行了测算，发现效率值为 1 的决策单元仅有 4 个，职工家庭林下经营综合效率的平均值仅为 0.379，综合效率值的分布状况如表 6-16 所示。可以看到，效率值为（0，0.4]的有 31 户，效率值在（0.4，0.6]的有 8 户，效率值在（0.6，0.8]的有 4 户，效率值在（0.8，1.0]的有 5 户。总体而言，大部分职工家庭的林下经营综合效率集中在 0.4 及以下，只有小部分职工家庭的林下经营综合效率位于 0.8 以上。国有林区大部分职工家庭的林下经营水平偏低，职工家庭林下经营存在严重的效率损失。另外，林下经营效率最高的职工家庭与最低的职工家庭之间差距较大，分化明显。

表 6-16 职工家庭林下经营效率值分布

综合效率值区间	决策单元个数/个	占比/%
（0，0.4]	31	65
（0.4，0.6]	8	17
（0.6，0.8]	4	8
（0.8，1.0]	5	10

由 DEA 相关理论可知，由 BCC 模型计算出的技术效率值可进一步分解为纯技术效率与规模效率的乘积，即技术效率＝纯技术效率×规模效率。其中，纯技术效率反映的是决策单元利用现有投入生产相应产出的能力，规模效率反映的是资源配置是否实现最优（唐要家和谢远祥，2013）。本书考察了国有林区职工家庭林下经营纯技术效率与规模效率的状况，发现职工家庭林下经营纯技术效率的平均值为 0.512，而规模效率的平均值为 0.825。国有林区职工家庭林下经营纯技术效率的平均值很低，这可能是由于职工家庭对新技术的接受和应用能力较差。尽

管职工家庭林下经营规模效率的平均值较低，但相较而言，林下经营纯技术效率的平均值更低，这意味着如何改进纯技术效率是未来更应该关注的内容。

2. 林下经营效率的影响因素分析

为进一步分析职工家庭林下经营效率的影响因素，以 DEA 测算的综合效率值为因变量，以各影响因素为自变量进行 Tobit 回归，利用 EViews 7.1 进行估计，结果如表 6-17 所示。

表 6-17　Tobit 回归结果

影响因素	系数	标准误差	Z	P
常数项	−0.535918	0.343587	−1.559772	0.1188
x_1	−0.002437	0.004745	−0.513691	0.6075
x_2	−0.003724	0.012772	−0.291582	0.7706
x_3	0.104495**	0.043979	2.376004	0.0175
x_4	0.661533***	0.143926	4.596347	0.0000
x_5	2.93×10^{-8}	3.71×10^{-6}	0.007892	0.9937
x_6	-2.66×10^{-6}	3.44×10^{-6}	−0.774730	0.4385
x_7	0.284458**	0.118294	2.404674	0.0162
x_8	−0.049380	0.041485	−1.190307	0.2339

、*分别表示在 5%、1%水平上显著。

由回归结果可以看出，林地块数对林下经营效率存在正向影响，且在 1%的水平上显著，这不符合传统预期。传统观念一般认为，林地块数越多，林地越细碎，林下经营中所耗费的时间和精力就越多，而且由于林地边界的增加造成了一定量林地面积的浪费，从而制约林下经营效率的提高。本书发现林地块数对林下经营效率存在正向影响，这可能是由于林地块数与林下经营效率呈"倒 U 形"关系，即林下经营效率先是随着林地块数的增加有所提高，超过一定范围，林下经营效率随着林地块数的增加而下降，而大部分职工家庭的林地块数以 1~2 块为主，正处于前半阶段。

林下经营收入占家庭总收入的比例在 5%的水平上显著，且系数为正，这说明其对林下经营效率存在显著正向影响，这同前文预期相符。林下经营收入占家庭总收入的比例反映了职工家庭对林下经营的依赖程度，比例越大，依赖性就越大，其从事林下经营的积极性越高，林下经营管理越认真，效率值也就越高。

户主健康状况对林下经营效率存在正向影响，且在 5%的水平上显著。由于林下经济属于劳动密集型产业（吴成亮等，2013），林下经营对劳动者体力的要求较高。因此，户主健康状况越好家庭林下经营效率越高。

户主年龄变量对林下经营效率存在负向影响，但是户主年龄变量的作用并不显著，这不符合前文预期。这可能是年龄因素的"双重效应"所致。一方面，年龄较大的职工在林下经营方面积累了一定的经验，因而能提高林下经营效率；另一方面，由于林下经济属于劳动密集型产业，林下经营对劳动者体力的要求较高。因此，年龄较大的职工从事林下经营不利于效率的提高。

户主受教育程度对林下经营效率存在负向影响，不符合前文预期，但在统计上并不显著。可能的解释是国有林区林下经营更多的是依靠经验和技术，而非文化知识。户主的受教育程度越高，其接受学校教育的时间就越长，相应地从事林下经营并积累经验的时间就越短。

林地离家距离和林地离公路距离对综合效率的影响不显著，这可能是林区林下经营环境条件所致。一方面，林地离家距离近方便职工家庭进行林下经济生产活动，离公路近使收获的林下经济产品的销售和运输更加便利；另一方面，一般而言，离居住区和运输线越近的地方林下资源越容易受到侵犯，如被偷采等，从而影响了林下经营效率的提高。

从事林下经营资金渠道的畅通性对林下经营效率存在负向影响，不符合前文预期，但在统计上并不显著。可能的解释是该因素也存在"双重效应"：一方面，职工家庭从事林下经营的资金渠道不畅通，不利于其扩大经营规模，从而不利于经营效率的提高；另一方面，资金来源渠道越不畅通，经营主体扩大生产规模的经营意愿就越强烈，因而效率越高（刘振滨等，2014）。

6.4 本章小结

本章阐述了职工家庭发展林下经济的基本情况及金融需求，分析了职工家庭林下经营效率及其影响因素。主要研究结论如下：

（1）林下经济收入占家庭收入的比例超过工资性收入，在家庭收入中占比最大，其发展取得一定成效。但仍然存在一些不容忽视的问题：第一，进行林下经济生产资金来源不顺畅，从银行贷款门槛高。第二，政府给予发展林下经济活动补贴太少，或者没有补贴。第三，职工家庭经营合作意识不强，当地合作机会少。第四，职工家庭生产经营技术水平低、抗风险能力较低。第五，由于缺乏市场信息、产品价格信息，职工家庭议价能力较弱，产品存在滞销。第六，林下经济社会化服务体系不健全。

（2）林下经济的金融创新不足，与林下经济相关的金融产品开发不够。由于林下经济作为森林资源资产还不能以生产要素形式参与资本运营，绝大多数住户从事林下经济的资金渠道相对不太通畅。因此，许多从事林下经济的职工家庭有较为强烈的金融需求。为了解决资金不足的问题，许多职工家庭进行过银行贷款，相比而言，贷款过程比较顺畅，但多数采取的贷款担保形式是联户担保，且多数的贷款次数较少。职工家庭希望从银行贷款的额度较小、期限较短。多数职工家庭希望银行在贷款贴息等方面对林下经济给予优惠政策。

（3）绝大多数林下产品加工企业在生产经营过程中没有享受过金融信贷扶持。资金是制约林下产品加工企业发展的主要因素，企业有着较为强烈的金融需求。绝大多数企业希望与金融机构合作，同时希望政府在贷款贴息环节给予财政扶持。

（4）根据实地调研获取的微观数据，利用 DEA 方法和 Tobit 模型测算了国有林区职工家庭的林下经营效率，并分析了效率的影响因素。通过实证研究得出以下结论：①国有林区职工家庭林下经营效率下降严重，林下经营效率有较大的提升空间。②林下经营效率最高的职工家庭与最低的职工家庭之间差距较大，分化明显。③相较于规模效率，国有林区职工家庭林下经营纯技术效率的平均值更低。因此，如何改进纯技术效率是未来更应该关注的内容。④林地块数、户主健康状况和林下经营收入占家庭总收入的比例对职工家庭林下经营效率有显著影响。

第7章　发展林下经济的社会化服务体系

随着林下经济的发展，相关的社会化服务组织机构也逐渐建立和发展起来，本章将从林业专业合作组织建设、林业科技推广组织建设、林业信息化服务体系建设、林业金融服务体系建设这几个方面对国有林区发展林下经济的社会化服务体系建设情况进行分析。

7.1　国有林区社会化服务体系建设现状

7.1.1　林业专业合作组织建设现状

农业合作组织是在家庭承包制的背景下，以克服"小规模、分散化"家庭生产经营的弊端、解决小农户与大市场的矛盾为目标产生和发展起来的。在中国，农业专业合作组织还是一个新兴事物，但在西方经济发达的国家中早已成功运行100多年，一个半世纪的成功运行和发展的实践表明，"家庭生产经营＋完备的合作体系"是农业生产经营最高效的组织模式（高钰玲，2014）。而林业专业合作组织是在南方集体林区林权制度改革的背景下，以缓解小林户与大市场之间的矛盾为目标而产生和发展起来的。林业专业合作组织既能降低职工家庭单独进入市场的交易费用，提高市场谈判能力和市场竞争能力，获得规模化收益，同时能满足职工家庭对各项社会化服务的需求，使职工家庭能够顺利地与市场对接，提高林业经营效益。因此，林业专业合作组织在社会化服务体系中占有举足轻重的地位。

截至2013年上半年，黑龙江国有林区有271家林业专业合作社，较2012年增长62.2%。43家苗木花卉种植合作组织，37家食用菌养殖合作组织，49家林果栽植合作组织，44家林木种苗繁育、管护合作组织，42家林下中草药种植合作组织，26家梅花鹿、野猪、林蛙、蜜蜂等林下养殖合作组织，30家山野菜采集加工合作组织。虽然近年来，国有林区林业专业合作组织发展迅速，但与农业合作组织以及南方集体林区林业合作组织相比，数量、规模、发展上都存在很大差距。国有林区目前的林业专业合作组织主要是围绕当地主导产业、优势产业和特色产业，由林区能人创办，种植大户带动，以"企业＋职工家庭＋基地"的形式发展起来的，涉及林下种植业、养殖业、采集加工业、森林旅游及绿化苗木繁育等领域。一些林业局的林业专业合作组织已发展成为具有本地特色和一定规模的绿色产业基地。林业合作组织的建立,为林区林业经济发展注入了活力,大幅度提高了职工家庭组织化程度,有力地推进了林业科技化普及,高效地促进了兴林富民双赢。

7.1.2 林业科技推广组织建设现状

国家林业和草原局科技司将我国林业科技推广体系划分为林业科技推广组织和林业科研组织两个方面。林业科技推广组织的职责主要包括宣传推广应用科技成果和先进技术,培育科技支柱性产业,组织开展各类技术培训和科普宣传工作等。林业科研组织主要包括大专院校、科研单位,他们的职责主要包括研究林业科学、培育新品种、研发新的生产管理技术、制定合理的市场营销策略等。

随着林下经济的发展,国有林区也逐渐建立了林业技术研发体系、科技转化和推广体系、科技管理体系。例如,黑龙江省林业科学院(简称黑龙江省林科院)在林业技术推广中发挥了重要的作用;其下属单位——黑龙江省林副特产研究所的"林副产品加工学科"为省级重点学科,主要以食用菌加工、山野菜加工、饮料开发、经济动物产品加工等为研究方向,重点研究山野菜开发利用、食用菌加工技术、五味子饮料、林蛙综合开发利用、鹿茸饮品等技术。在 2014 年黑龙江省重点国有林区全面停止商业性采伐试点启动后,经国家林业局批准黑龙江省林科院成立了国家林业局东北食用菌(黑木耳)工程技术研究中心,其专门对黑木耳产业工程进行剖析研究,以解决黑木耳优良菌株选育、高效标准化培育示范、产品精深加工等问题为工作重心,成立了由林业局和龙头企业共同联合组成的攻关团队,积极开展优质单片黑木耳良种选育推广、黑木耳立体挂袋式标准化培育示范及黑木耳多糖、蛋白等提取物的精深加工等多方面攻关,取得了实实在在的成绩,为林区黑木耳产业优质、持续、纵深发展奠定了基础。黑龙江省森林环境保护研究所、黑龙江省野生动物研究所与林区职工家庭合作,进行了黑龙江黑蜂产品质量安全追溯与监管系统项目研究,利用数字科技帮助产品溯源化,搭建电子服务平台。同时,又引入森林认证机制,提前帮助职工家庭解决了一系列问题。黑龙江省林科院多次开展活动,把服务"送上门",使科研成果更加"接地气"。此外,黑龙江省林科院还争取了诸多省内的重大专项基金,组织发起了黑龙江省食用菌产业技术创新战略联盟,联合省内高校、科研院所,旨在做大做强林区的食用菌产业。同时由东北林业大学牵头联合伊春市林业管理局成立的"黑龙江省林下经济资源研发与利用协同创新中心",面向林区、林业、森工,围绕林下经济发展战略规划实施,组织协同创新研发,取得了一些标志性研究成果，完善或孕育出若干产业链，使林业脱离了对木材传统产业的依赖，支撑了林区经济、社会的发展。目前中心已建成 7 个创新平台，内容涵盖了林下经济全产业链的各环节。而且各林业局自身也积极加强与哈尔滨工业大学、东北农业大学、东北林业大学等科研院所合作，大力引进种植、养殖、加工等先进实用技术，积极开展应用推广项目，加大了科技推广的投资力度。

7.1.3 林业信息化服务体系建设现状

21 世纪是信息化的时代，企业是否能够及时准确获取生产、销售及采购所需的信息是决定一个市场是否有效的关键因素，这里的信息主要是指商品价格的信息。面对市场逐渐信息化的格局，分散的小规模职工家庭很难获取准确、完整、及时的市场信息，而且市场上存在对职工家庭的信息垄断现象，如一些生产资料供应商或者林产品收购商为了使自己所得利益最大化故意向职工家庭隐瞒某些信息。这种信息不对称造成林下经济生产资源分布的不均衡，增加了职工家庭生产、购买及销售的盲目性。在市场信息不灵、销售渠道不畅的国有林区，林产品的销路往往是职工家庭从事林下经济生产活动的难题。

"十二五"建设前半期，在国家林业局和黑龙江省政府信息主管部门的关心和指导下，2013 年黑龙江省森工总局完善了省政府门户网站和森工总局门户网站两个平台，丰富了森工总局门户网站平台的栏目设置，建立了一个公开、规范、高效的服务平台，成为服务职工、服务基层、服务企业的"阳光政务大厅"；设立了电视在线栏目，利用有线电视覆盖面广、直观性强的优势，积极创办政务公开互动专栏，回答与职工家庭切身利益相关的问题、公开林业局相关信息等。同时，许多林业局建设林区数字电视网，引进国内最先进的 IP 数字电视前端设备，进行有线电视网络双向化、数字化、信息化改造，转播 100 多套标清的数字电视及有线广播节目，并与移动公司进行"宽带中国"战略合作，开拓互联网接入市场，在森工林区率先实现三网合一，为林区的信息化服务搭建了一定的平台。

7.1.4 林业金融服务体系建设现状

金融服务体系是在一定的制度背景下，由金融交易主体、金融工具、金融市场和金融调控与金融监管多方面相互联系而形成的有机整体（刘磊和韩晓天，2011；钱水土和姚耀军，2011）。较城市金融体系而言，农村金融服务体系的市场化、社会化、规范化、多元化程度都较低，因此其也是国家整个金融体系中最为薄弱的部分。目前，我国农村金融服务体系基本上是以农村信用合作社为主体，商业性的金融机构与政策性金融机构为补充，正规金融与非正规金融体系并存的格局（王焕良等，2011）。

国有林区在多年的探索、发展、转型中，其金融服务体系与全国农村金融服务体系大体一致，由正规金融和非正规金融两部分组成，其组织结构示意图如图 7-1 所示。近年来黑龙江省各大金融机构在涉林金融扶持服务方面做了诸多尝试，通过不断拓宽金融服务领域、创新金融服务产品、延长贷款期限等方式，为职工家庭提供了覆盖林下产业生产活动全部生命周期的金融支持，以保障林下经济生产顺利实施。例如，中国邮政储蓄银行（简称邮储银行）与黑龙江省森工总局、各地市林业局通力合作，搭建了银林协作平台，涉林个人贷款累计放款近亿元，余额 7566 万元。2014 年，在为期 3 年的合约内，邮储银行黑龙江省分行从支持黑龙江省林业局职工创业转型与民生改善、支持林下经济发展、支持林业专业合作社、林业产业企业发展等领域出发，投放涉林贷款 200 亿元，打破了林区林业生产融资瓶颈，为促进黑龙江省林业产业与林下经济发展提供了全方位与强有力的金融信贷支撑。

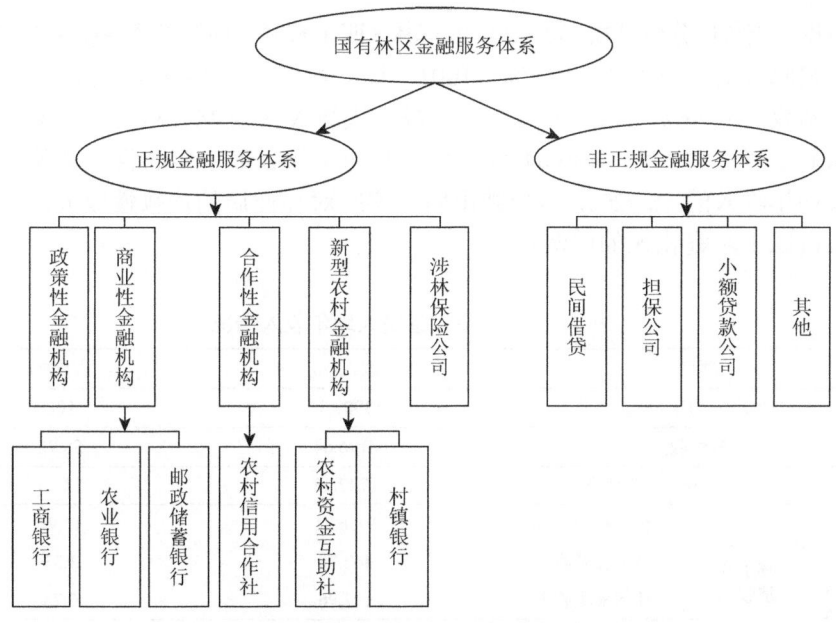

图 7-1 国有林区金融服务体系组织结构示意图

7.2 国有林区社会化服务需求的调查分析

7.2.1 职工家庭林下经济生产经营状况

国有林区广袤的森林蕴藏着丰富的可开发利用的林下资源，主要包括：中草药（刺五加、五味子、穿地龙、猪苓等）、野生蘑菇（猴头、榛蘑、元蘑等）、山野菜（蕨菜、刺嫩芽、蒲公英等）、山野果（野生蓝莓、松子、榛子等）及可以人工养殖的动物（林蛙、野猪、鹿等）等。在国有林区经济转型势在必行的情况下，职工家庭依托国有林区优越的自然资源和适宜的气候，开始大力发展林下经济。据调查，职工家庭发展林下经济的生产模式主要包括林菌模式、林禽模式、林药模式、林粮模式、林菜模式和林游模式等，总结起来主要为林下种植、林下养殖、林下采集三种经营活动，林下资源利用种类如表7-1所示。

表7-1 林下资源利用种类

项目	品种
林下种植	大豆、黄豆、玉米、白瓜、面瓜、蓝莓，食用菌、五味子、人参、平贝
林下养殖	鸡、兔子、鸭、鹅、猪、狐狸、貉子、林蛙、蜜蜂
林下采集	野生蘑菇、松子、山核桃、榛子、山野菜

根据调查数据分析可知（表7-2），国有林区职工家庭人均林下经济收入2507.37元，占职工家庭人均年收入的18.03%。其中，林下种植收入1936.71元，占13.92%，林下养殖收入为462.70元，占3.33%，林下采集收入为107.96元，占0.78%。而林业局的工资性收入为8196.04元，仍然是职工家庭最主要的收入来源，占职工家庭人均年收入的58.92%，这反映出职工家庭对林业局的依赖性较大，而林下经济收入占职工家庭收入的比例不高。

表7-2 样本职工家庭人均年收入情况

项目			收入/元	占比/%
家庭人均年收入			13909.95	100
	工资性收入		8196.04	58.92
	农业生产收入		1747.43	12.56
家庭经营收入	林下经济收入	林下种植收入	1936.71	13.92
		林下养殖收入	462.70	3.33
		林下采集收入	107.96	0.78
		小计	2507.37	18.03
	个体经营收入		206.09	1.48
	小计		4460.89	32.07
财产性收入			58.13	0.42
转移性收入			1194.89	8.59

就林业收入结构而言（图7-2），林下种植收入是林下经济收入的主体，占林

下经济收入的 77.24%；其次为林下养殖收入，为 18.45%；而林下采集收入的份额较低。根据调查，林菌模式是职工家庭从事林下经济主要的生产模式，并且以黑木耳为主要产品，因此林下种植收入份额较大。

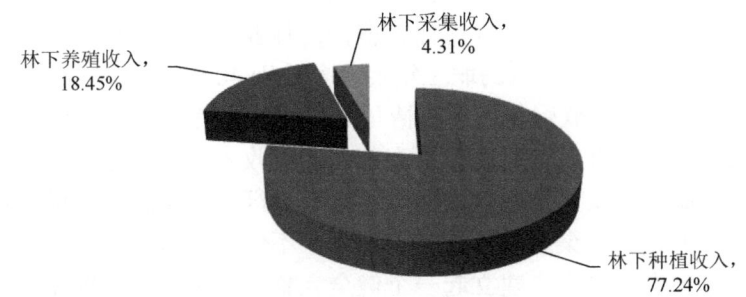

图 7-2　林下经济收入的结构

7.2.2　职工家庭在林下经济生产经营过程中面临的问题

根据调查，职工家庭在生产经营过程中面临着许多问题，按反映的强度从大到小的顺序分别是：市场信息、生产资料供应、资金、产品销售、技术手段、产品加工（表 7-3）。

表 7-3　职工家庭发展林下经济过程中面临的问题

具体问题	没有问题		问题很小		问题很大	
	比率/%	排序	比率/%	排序	比率/%	排序
生产资料供应	37.76	5	9.94	5	52.30	2
产品销售	50.00	2	15.71	3	34.29	4
技术手段	47.46	3	18.64	1	33.90	5
资金	41.56	4	11.69	4	46.75	3
市场信息	27.40	6	16.20	2	56.40	1
产品加工	90.63	1	0.00	6	9.37	6

（1）市场信息匮乏。根据调查，56.40%的职工家庭表示自己在获取市场信息方面存在着很大问题。在访问中，43.52%的职工家庭表示市场信息渠道不通畅，存在获取市场信息不灵敏反应滞后的情况。经调查发现，职工家庭的市场信息来源单一，信息传播方式落后。职工家庭获取市场信息的主要渠道为亲戚朋友，其次是通过林业局会议通知获取信息，电视台则是职工家庭的第三大信息获取渠道（表 7-4）。职工表示通过电视机、林业局会议通知获取的信息往往比较公式

化、书面化,在理解这些信息时很容易出现偏差;而从亲戚朋友处获取的信息有时候会出现失真的情况,并且这些信息往往只是一些职工家庭之间的经验交流。而手机、互联网等作为现代信息传输的主要媒介,职工家庭却很少选择,仅有5.96%的职工家庭选择从这两个渠道获取信息。这可能是以下几个原因导致的:第一,在国有林区,特别是所处地区比较偏僻的林业局,基础设施还很不完善,互联网还未普及;第二,所调查的职工年龄大多处于40~50岁,文化水平一般为初中或高中,因此缺乏互联网使用的热情与操作技能;第三,手机咨询、手机短信、互联网搜索等信息媒介在信息的传播中都会向接收者收取一定的费用,而传统且节俭的职工家庭无法接受这些获取成本。国有林区职工家庭在市场信息获取渠道方面对传统、非正式的渠道过度依赖的现状,不仅与林区职工的生活方式有关,同时也说明了国有林区尚未建立起一个健全完整、灵敏通畅、覆盖面广的林区信息发布系统。如何有效地提高现代信息传播媒体(手机、互联网)的传播效果,也是社会化服务组织在信息服务过程中需要考虑和解决的问题。

表 7-4 职工家庭信息来源渠道分布 (单位:%)

信息来源渠道	占比
当地报纸	6.31
电视台	14.74
林业局会议通知	21.05
手机短信	0.70
互联网	5.26
亲戚朋友	61.75
其他	7.72

注:职工家庭获取信息的渠道不唯一,所以累计百分比超过100%。

(2)生产资料供应不足。根据调查,52.30%的职工家庭表示在林下经济生产过程中出现了生产资料供应不足的现象,83.36%的职工家庭反映近3年来生产资料涨价幅度较大,有些生产资料的涨幅甚至在50.00%以上,如培育黑木耳所需的原料——锯末。近年来,黑木耳种植业依托国有林区得天独厚的自然环境快速地发展,引领林区职工家庭走向致富之路。但是由于森林限额采伐制度、天然林资源保护工程(简称天保工程)的实施以及全面停止天然林商业性采伐试点的启动,木材产量下降,从而直接导致了锯末产量的大幅度减少。因此,锯末作为黑木耳种植最初级的原材料在最近几年涨价幅度较大,有时甚至出现有价无市的现象。因此,解决锯末来源的难题以保持黑木耳、蘑菇等食用菌种植产业的优势是国有林区林业局保证产业项目、保障职工家庭收入的重大问题。同时25%的职工家庭表示有购买到假种子、假化肥、假农药的经历,这可能是以下两方面的原因导致的:一是品质监管部门监管力度不够;二是职工家庭自身对生产资料真假好坏的辨别能力不强。

(3) 资金制约。据调查,46.75%的职工家庭表示在林下经济生产活动中遇到过资金困境,并且其中48.90%的职工家庭反映自己从事林下经营的资金来源渠道不通畅。国有林区职工家庭基本上都是依靠自有资金来开展林下经济生产经营活动,而自有资金往往都不是特别充裕,因此在生产过程中经常遇到缺乏资金使得一些生产活动举步维艰的情况。同时职工家庭的融资渠道较为单一,一旦遇到资金困难,73.20%的职工家庭会选择亲戚朋友作为融资渠道,26.80%的职工家庭选择从银行、信用社等金融机构贷款。虽然黑龙江省政府出台了"鼓励信贷投入林业生产"的政策,林业发展融资渠道也逐渐拓宽,但仍有55.70%的职工反映从银行贷款的过程不顺畅,同时认为银行的贷款条件过于苛刻、贷款手续过于烦琐。职工家庭希望银行在林下经营贷款方面给予贷款贴息、简化贷款手续、降低贷款条件、延长贷款期限等优惠政策。

(4) 林产品出现滞销。根据调查,34.29%的职工家庭表示在林产品销售这一环节中存在很大问题。相对于规模化的产品收购、加工企业,职工自身的专业化水平有限,加上市场信息掌握不全面,这使得职工的谈判能力、讨价还价能力较弱,在产品销售的整个过程中均处于被动接受的地位。因此,职工家庭生产的林产品的销售价格往往会低于真正的市场价格,甚至会出现滞销的现象,37.10%的职工家庭表示遇到过产品滞销的情况。在销售过程中,职工家庭一般都是等着收购商上门收购产品,因此在产品运输方面不存在问题。

(5) 技术手段落后。据调查,33.90%的样本职工家庭表示由于自身所掌握的林业生产技术有限,政府提供给他们的技术服务有限,造成了林产品质量存在问题,最后直接导致了经济收益的严重损失。在林业高新技术的学习及推广中,由于职工文化水平不高、思想观念保守,以及技术推广部门经费限制、林业局对生产技术重视度不够等,林业实用技术无法快速推广。通过调查发现,有大部分职工家庭表示没参加过林业技术培训,因此也无法掌握一些有针对性的林业实用技术。这可能由以下几个原因造成:一是国有林区的职工将大部分时间花在自己的本职工作上,没有时间和精力去参加针对性较强的林业技术培训;二是那些针对性强、实用性高的技术培训组织不是无偿为职工提供技术培训,培训费用往往很高,因此职工很少参加这些技术培训。

(6) 产品加工问题。经过调查发现,仅7.00%的职工家庭有对自己所生产的林产品进行进一步加工以提高附加值的想法,这表明有林区职工家庭的林下经济生产活动仍处于较原始的阶段。职工家庭对林产品加工缺乏兴趣的原因可能有:一是受职工家庭传统生产经营习惯和思想的影响,以及职工文化程度的限制;二是缺乏龙头企业和专业合作组织（协会）的带动，尚未形成产业化、集约化、市场化的发展格局以及高端的产业化链条。

7.2.3 职工家庭对社会化服务的需求意愿

随着林业经济的快速发展，国有林区职工家庭在从事家庭生产经营过程中对社会化服务的需求也越来越多样，职工家庭对社会化服务的需求意愿见表7-5。

表7-5 职工家庭对社会化服务的需求意愿

社会化服务项目	需要社会化服务/%	排序	不需要社会化服务/%	排序	无所谓/%	排序
技术服务	43.70	2	6.70	4	49.60	4
信息服务	49.50	1	1.90	5	48.60	5
政策法律服务	35.40	4	10.20	2	54.40	2
金融信贷服务	39.90	3	8.30	3	51.80	3
其他服务	13.40	5	19.30	1	67.30	1

1. 对信息服务的需求意愿

根据调查可知，49.50%的职工家庭在发展林下经济生产经营过程中，对信息服务需求意愿极其强烈。职工家庭对信息服务需求如此强烈的原因有：一是自身对市场不够了解，职工家庭在种植、养殖品种的选择上出现"盲目性"，生产投资风险较大，因此职工家庭想通过获取较全面的市场信息，来减少或规避林下经济投资风险；二是国有林区林业信息网络不够健全，同时由于职工文化水平的限制，信息获取渠道单一，信息传播方式落后，因此职工家庭对信息服务的需求意愿更为强烈。

2. 对技术服务的需求意愿

根据调查发现，43.70%的职工家庭对技术服务需求较为强烈。从事林下种植的职工家庭迫切需要木耳、蓝莓、五味子、人参等的科学栽培技术；从事林下养殖的职工家庭，对禽畜饲养、防疫、治病技术的需求很强烈。职工家庭对技术服务需求如此强烈的原因可能是：第一，国有林区的林业技术服务体系比较薄弱，其主要是对林业企业、规模经营的林业大户等提供技术，对家庭规模生产经营的职工家庭提供的技术服务极少，而本次样本职工家庭大部分为松散的家庭小规模经营单位，因此对技术服务的需求就非常强烈；第二，职工家庭现有的具有针对性技术服务主体少，加上现有的许多技术服务主体（如龙头企业、其他的一些民间主体）在给职工家庭提供技术服务时要向他们收取一定的费用，这挫伤了职工家庭对技术获取的积极性，因此职工家庭对无偿免费的技术服务的需求程度就加大了。

3. 对金融信贷服务的需求意愿

为进一步推进林业投融资改革，积极做好林业发展的金融服务工作，中国人民银行哈尔滨中心支行、黑龙江银监局、黑龙江保监局、黑龙江省金融办、黑龙江省财政厅、黑龙江省林业厅共同出台了《关于做好黑龙江省林权制度改革与林业发展金融服务工作的指导意见》。在这一大背景下，39.90%的职工家庭还是对金融、信贷服务有一定的需求。在政府大力推广的林权证抵押贷款及银行业金融机构在政府政策允许浮动范围内对各类林业贷款可适当进行利率下浮的有利条件下，职工家庭在资金不足的情况下，可向金融部门申请一定的贷款来解决遇到的问题。

4. 对政策法律服务的需求意愿

通过调查发现，35.40%的样本职工家庭表现出对政策法律服务有一定需求意愿，其中对政策服务的需求更为强烈，几乎对法律服务没有需求。职工家庭对法律服务表现出低需求的原因有：一是职工家庭在林业生产经营中通过自己的道德观念约束自己的行为，不会做出触犯法律的行为，因此法律知识对自己来说基本上是可有可无的；二是职工家庭在遇到麻烦或者纠纷时，一般通过内部调解来处理，极少职工家庭会将这些纠纷闹到法庭上，因为一旦走司法程序，意味着他们将承担相对较大的成本。

除了上述的需求之外，职工家庭在林产品的收购与销售、加工及禽畜产品的加工方面表现出了一定的需求意愿。

7.3 国有林区社会化服务供给的调查分析

7.3.1 国有林区社会化服务供给状况

1. 职工家庭社会化服务的获取情况

根据职工家庭各项社会化服务获取情况结果，再结合职工家庭对各项社会化服务的需求情况（图7-3），可以发现：在技术服务方面，职工家庭所获的技术服务集中于食用菌、中草药的种植技术以及林蛙、奶牛、生态猪等的饲养、病虫害防治等技术上，获取比例为18.30%，这与43.70%的需求意愿有很大差距；在信息服务方面，职工家庭主要获得相关林下产品市场行情及价格信息，获取比例仅

10.90%，这与49.50%的需求意愿也有很大差距；在政策法律服务方面，职工家庭反映林业局及时为他们解读相关林业政策变动，以便及时地对林下经济的生产结构做出相应调整，获取比例为8.70%，这与35.40%的需求意愿相比，差距也很大，根据调查，职工家庭希望从政府得到更多的政策扶持服务；在金融信贷服务方面，职工家庭主要获得的是信用（贷款）担保、介绍贷款渠道、组织集体贷款等服务，但整体的获取比例为8.30%，这与39.9%的需求意愿差距也很大；在其他社会化服务方面，职工家庭主要获得的是组织外出打工、林下产品销售等服务，获取比例较小，仅为3.80%。

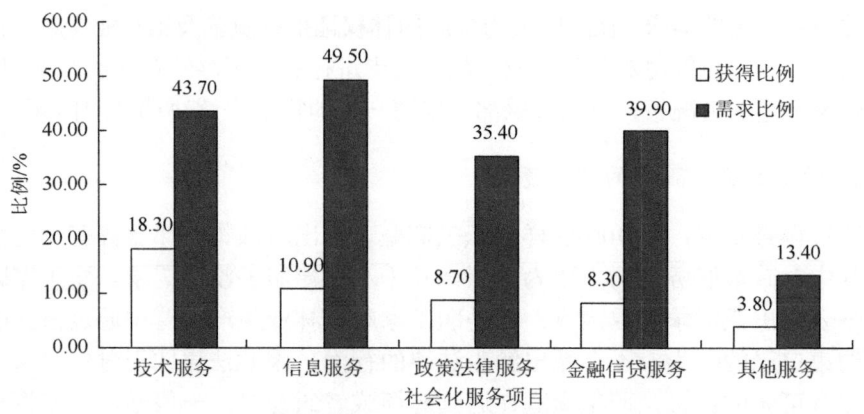

图7-3　职工家庭社会化服务获取情况与需求意愿的对比

2. 职工家庭社会化服务的获取渠道

通过调查发现（表7-6），目前职工家庭所获得的社会化服务基本上由政府及林业局提供，而合作组织（协会）和龙头企业几乎没有为职工家庭提供任何的服务，这反映出"职工家庭+龙头企业""职工家庭+合作组织（协会）"以及"职工家庭+合作组织（协会）+龙头企业"的产业化经营模式在国有林区职工家庭发展林下经济的过程中还没有出现，或处于发展的初级阶段。据调查，仅有6.45%的职工家庭加入了林业专业合作组织，这主要是林业专业合作组织的缺乏造成的。在与职工的访谈中发现，仅有14.65%的职工家庭表示当地有林业专业合作组织。在问到"如果成立相应的林业合作组织是否愿意加入"时，61.50%的职工家庭表示愿意加入，39.50%的职工家庭表示不愿意加入，职工表示不愿意加入的原因可能是：①自家林下经济生产规模较小，认为加入林业专业合作组织意义不大；②根据亲朋好友的反馈，专业合作组织提供的服务有限，有时候还需要支付一定的费用，认为加入专业合作组织不划算，这可能是林业专业合作组织自身发展存在一定问题所造成的。龙头企业未向职工家庭提供相关社会化服务主要可能是由于政府对龙头企业提供社会化服务的优惠政策（政策扶持、贴息扶持、资金补助等）落实不到位，导致龙头企业的服务动力不足。

表 7-6　服务主体提供服务的百分比　　　　　（单位：%）

社会化服务项目	政府及林业局	技术推广部门	合作组织（协会）和龙头企业	其他民间主体
技术服务	92.35	1.64	4.37	1.64
信息服务	87.16	2.75	7.34	2.75
政策法律服务	93.10	0.00	3.45	3.45
金融信贷服务	92.77	0.00	3.61	3.61
其他服务	92.11	0.00	0.00	7.89

7.3.2　国有林区社会化服务体系存在的问题

1. 服务供给主体单一

根据调查，国有林区职工家庭在林下经济生产过程中对相关社会化服务需求的意愿日益强烈，内容日益丰富。而目前国有林区发展林下经济的社会化服务体系的服务供给主体仍然以林业局为主，但林业局提供给职工家庭的服务一般是一些公益性的、基础性的服务，很少提供具有很强针对性、专业性的服务。技术推广部门、科研教育单位、其他民间主体也提供了一部分相关的服务，但技术推广部门服务的对象大多是林下经济发展大户，对于发展规模较小的职工家庭几乎覆盖不到。专业合作组织（协会）和龙头企业几乎没提供任何社会化服务。这反映出在国有林区林下经济发展基本处于起步阶段，关于发展林下经济的合作组织还未发展起来，完善的社会化服务体系尚未构建起来。

2. 社会服务动力不足

根据调查，国有林区林下经济主要以职工家庭个人投资发展为主，但由于林区职工身份的特殊性，他们有别于农民，即使不从事林下经济，也可以依赖林业局的工资性收入生活，因此他们发展林下经济的热情及动力不够强烈。同时，职工家庭发展林下经济主要是由政府引导的，缺乏龙头企业的带动以及合作组织（协会）的规范，组织化、专业化、集约化的林下经济产业格局还未形成，产业化链条较为初级，对市场风险的规避能力较弱。再者，职工家庭与市场两者之间信息不对称，在种植和养殖品种的选取上，盲目跟风的现象较为严重；在产品销售过程中，大多数职工家庭坐等经销商上门收购，或者直接在市场上进行零售，无法获得较好的收益。因此,虽然国有林区拥有丰富的林下资源,但是真正被开发利用的品种较少,导致林下产品品种单一,市场竞争能力不强。职工家庭对林下资源的开发利用仍处于最初级的阶段(朱洪革等,2014b),一般都是采集或者种植、出售初级产品,导致林下产品附加值较低。而且除了黑木耳、野生蓝莓以外,没有突出优势产品,限制了林下产业的快速、蓬勃发展。低程度的林下经济产业化不利于林下产业格局的转变与调整,不能促进林下经济生产要素的合理配置;不利于形成区域联合经济优势和良性经济结构,不能提高林下经济经营质量和规模效益;不利于提高林下产品的竞争力、激发林区职工家庭发展林下经济的热情,进而也就不能提高林下经济收入,致使林下经济产业在林区经济中所占比例不够大,对林区职工家庭收入的贡献率不够高,与林下经济在林区经济转型中的重要地位极不相适应,因此不能够为社会化服务组织提供经济保证,不能为社会化服务体系的构建提供强大动力。

3. 服务体系覆盖区域有限

由于国有林区发展林下经济的社会化服务体系建设起步较晚,有关政府尚未认识到社会化服务体系对促进林下经济快速发展的重大意义,"逐步完善相关社会化服务体系建设"只停留在书面报告上,而实实在在的扶持政策尚未落实,对社会化服务体系建设的资金投入力度也较低,国有林区关于发展林下经济的社会化服务体系覆盖的区域有限,林下经济社会化服务体系向更广泛的区域扩展、社会化服务工作向更深层次方面发展均面临着较大的难题。这主要表现在两方面:一是相关的社会化服务组织数量不足,规模较小;二是相关的社会化服务内容单一,难以满足职工家庭日益多样化的需求。

4. 服务体系建设资金短缺

2012年7月,国务院办公厅下发了《国务院办公厅关于加快林下经济发展的意见》(国办发〔2012〕42号),其对加快发展林下经济提出了总体要求和政策支持意见,主要政策措施有。

(1) 加大投入力度。要逐步建立政府引导,农民、企业和社会为主体的多元化投入机制。充分发挥……林业科技推广示范资金等专项资金的作用,重点支持林下经济示范基地与综合生产能力建设,促进林下经济技术推广……发展改革、财政、水利、农业、商务、林业、扶贫等部门要结合各地林下经济发展的需求和相关资金渠道,对符合条件的项目予以支持。

(2) 强化政策扶持。对符合小型微型企业条件的农民林业专业合作社、合作林场等,可享受国家相关扶持政策。符合税收相关规定的农民生产林下经济产品,应依法享受有关税收优惠政策。支持符合条件的龙头企业申请国家相关扶持资金……

（3）加大金融支持力度。各银行金融机构要……加大对林下经济发展的有效信贷投入。充分发挥财政贴息政策的带动和引导作用，中央财政对符合条件的林下经济发展项目加大贴息扶持力度。

（4）加快基础设施建设。要加大林下经济相关基础设施的投入力度，将其纳入各地基础设施建设规划并优先安排……加快道路、水利、通信、电力等基础设施建设，切实解决农民发展林下经济基础设施薄弱的难题。

（5）加强组织领导和协调配合。地方各级人民政府要把林下经济发展列入重要议事日程，明确目标任务，完善政策措施；要实行领导负责制，完善激励机制，层层落实责任，并将其纳入干部考核内容；要充分发挥基层组织作用，注重增强村级集体经济实力。各有关部门要依据各自职责，加强监督检查、监测统计和信息沟通，充分发挥管理、指导、协调和服务职能，形成共同支持林下经济发展的合力。

根据调查，近几年来，政府为促进林下经济发展，财政投入水平呈明显上升趋势。但随着经济的发展，为促进林下经济的发展，建立和完善社会化服务体系对资金需求的强度越来越高，现有林业资金的投入水平和资金的运用效果都远远达不到社会化服务体系建设对资金需求的力度和强度。

5. 服务体系建设宣传力度不够

随着林下经济的逐步发展，相关的社会化服务体系也开始慢慢建立。要使发展林下经济的社会化服务体系逐步建立到健康发展，需要动员和组织社会各界力量参与，因此要加大对服务体系的宣传，提高各界力量对其的认识。根据调查，从林业局等各级政府及部门来看，一些林业局还未意识到建立林下经济社会化服务体系的必要性和重要性。从林区职工家庭来看，往往存在认识不到位甚至见识短浅的现象。在访问中，大部分职工表示不了解社会化服务体系，在他们的印象中，所谓的"服务"是只要享受了就需要付费；对于一些服务供给组织，职工家庭只停留在"听过但不了解"的层面。这主要是由于在社会化服务体系建设过程中，缺乏对服务体系的宣传。

7.4 职工家庭对社会化服务的满意度及影响因素分析

职工家庭作为社会化服务体系的最大受益者，对社会化服务体系服务效果的评价最具发言权。7.1节对国有林区发展林下经济的社会化服务体系建设状况以及7.3节对国有林区社会化服务供给情况作了定性的分析、评价。本节从获得过社会化服务的职工家庭视角入手，对国有林区发展林下经济的社会化服务体系进行进一步评价，同时对职工家庭满意度影响因素进行实证分析。

7.4.1 职工家庭对社会化服务满意度的描述性分析

本研究调查问卷对满意度调查采取李克特五点量表,以避免样本被调查者二元选择的"将就"心理,使调查结果更具科学性。满意度分为"很不满意、不满意、一般满意、满意、很满意",分别赋值为"1、2、3、4、5"。

1. 对信息服务的满意度

根据调查可知(图7-4),42.4%的职工家庭对已获的信息服务表示很满意,28.8%的职工家庭表示满意,22.0%的职工家庭表示一般满意,而不满意、很不满意这两个层次所占的百分比分别仅为 1.7%、5.1%,满意程度在一般及一般以上的达到了 93.2%,满意程度达到满意和非常满意的达到了 71.2%,这说明大多数职工家庭对服务组织提供给自己的信息服务持满意态度。在问到"获取相关信息服务后,您的抗风险能力是否有所增强,市场竞争力是否有所提高"这一问题时,54.3%的职工家庭表示自己的抗风险能力有所增强,27.1%的职工家庭表示自己的抗风险能力无明显增强,而 18.6%的职工家庭表示"说不清楚"。在问到"获取相关信息服务后,您的市场竞争能力是否提高"这一问题时,40.7%的职工家庭表示自己的市场竞争能力有所提高,同时同样比例的职工家庭表示自己的市场竞争能力无明显提高,18.6%的职工家庭表示"说不清楚",虽然整体满意度尚可,但根据职工家庭对以上两个关键性问题的回答可以发现信息服务还存在一定的问题。

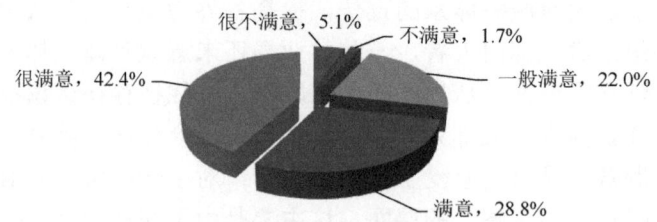

图 7-4 职工家庭对信息服务的满意情况

2. 对技术服务的满意度

根据调查可知(图7-5),45.7%的职工家庭对已获的技术服务表示很满意,30.0%的职工家庭表示满意,20.0%的职工家庭表示一般满意,4.3%的职工家庭表示很不满意,这说明大多数职工家庭对服务组织提供给自己的技术服务持满意态度。在问到"获取相关的技术服务后,您的技术水平是否有所提高"这一问题时,70%的职工家庭表示自身技术水平有所提高,30%的职工家庭认为自身技术水平无明显提高,进一步说明大多数职工家庭对已获的技术服务表示满意。

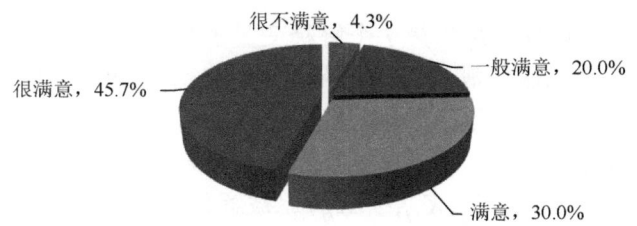

图 7-5　职工家庭对技术服务的满意情况

3. 对金融服务的满意度

根据调查可知（图 7-6），41.8%的职工家庭对已获的金融服务表示很满意，25.6%的职工家庭表示满意，18.6%的职工家庭表示一般满意，4.7%的职工家庭表示不满意，9.3%的职工家庭表示很不满意，这说明大多数职工家庭对服务组织提供给自己的金融服务持满意态度。

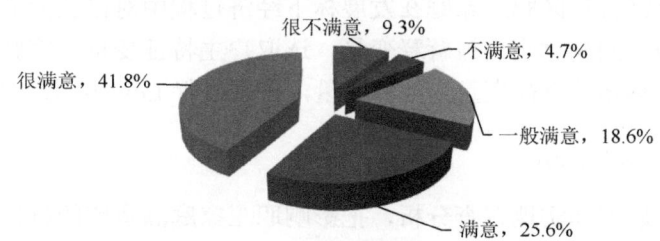

图 7-6　职工家庭对金融服务的满意情况

7.4.2　职工家庭对社会化服务满意度影响因素的实证分析

1. 模型选取

根据本节研究需要，将被调查者对满意度的感知"一般满意""满意""很满意"合并为"满意"（赋值为 1），将"很不满意""不满意"合并为"不满意"（赋值为 0），因此，职工家庭对服务组织提供的各项服务的满意感知只有"满意""不满意"两种情况。对于二分类问题，Logistic 回归分析方法能够确定解释变量 X 在预测分类被解释变量 Y 发生概率时的作用与强度。因此，采用二元 Logistic 回归分析方法，分析影响国有林区职工家庭对已获信息服务、技术服务、金融服务满意度的因素。假定 X_{ij} 是解释变量，P_i 是被解释变量 Y 的发生概率（$P_i = P(y_i = 1)$），建立如下形式的回归模型：

$$\ln\left(\frac{P_i}{1-P_i}\right) = b_0 + \sum_{i=1}^{n} b_j X_{ij} + u \tag{7-1}$$

式中，b_0 为常数估计项；b_j 为第 j 个解释变量的估计参数；X_{ij} 为影响职工家庭对已获的各项社会化服务满意度的解释变量，表示对第 i 个职工家庭的第 j 个影响变量；n 为观测样本量；u 为随机扰动项；P_i 为在给定 $X_{1j}, X_{2j}, \cdots, X_{kj}$ 的数值时职工家庭对各项已获林业信息服务的满意情况（满意或不满意）发生的概率，$i=1,2,\cdots,n$，$P_i = P(y_i = 1, X_{1j}, X_{2j}, \cdots, X_{kj})$。被解释变量 Y 发生的概率是由解释变量 X_{ij} 构成的非线性函数，其表达式如下：

$$P = \frac{\exp(b_0 + b_1 X_{i1} + b_2 X_{i2} + \cdots + b_n X_{in})}{1 + \exp(b_0 + b_1 X_{i1} + b_2 X_{i2} + \cdots + b_n X_{in})} \quad (7\text{-}2)$$

Logistic 回归模型的拟合程度通常通过回归系数、回归系数的标准差、回归系数的 WaldX^2 等统计量来表示每个解释变量的相对权重，用来评价每个解释变量对事件预测的贡献度。HL（Homsmer-Lemeshow）指标被用于检验 Logistic 回归模型的拟合优度。当 HL 指标统计显著时，意味着模型拟合度不高，拟合不好；相反，当 HL 指标统计不显著时，意味着模型拟合度较高，拟合较好。

为此，以国有林区职工家庭在发展林下经济过程中对已获的信息服务、技术服务、金融服务的满意度为被解释变量，选取户主特征变量、家庭特征变量以及获取相关服务感知的特征变量为解释变量，分别进行 Logistic 模型回归。

2. 变量选取与说明

根据文献研究和实地调查分析，把影响职工家庭满意度的解释变量具体分为三个方面，分别为职工家庭户主特征、家庭特征，以及职工家庭获取信息服务、技术服务、金融服务的相关感知。户主特征变量主要包括：性别、年龄、受教育年限；家庭特征变量主要包括家庭规模、林下经济收入占家庭收入的比例、是否加入林业专业合作组织。职工家庭户主特征和家庭特征在分析影响职工家庭对已获信息服务、技术服务、金融服务满意度时均有引入。职工家庭获取信息服务的相关感知特征变量包括信息渠道是否通畅、是否存在消息滞后反应不灵敏的情况、获取的信息是否收费；职工家庭获取技术服务的相关感知特征变量包括对自己生产经营技术水平的评价、2013 年向农林技术人员寻求帮助的次数、对林业科技服务政策的了解程度；职工家庭获取金融服务的相关感知特征变量包括获取资金的渠道、贷款过程是否顺畅、贷款手续是否复杂。各变量的具体解释见表 7-7 和表 7-8。

表 7-7 被解释变量的选择与赋值

被解释变量	代码	取值范围	赋值说明
信息服务满意度	Y_1	0~1	1=满意；0=不满意
技术服务满意度	Y_2	0~1	1=满意；0=不满意
金融服务满意度	Y_3	0~1	1=满意；0=不满意

表 7-8 解释变量的选择与赋值

	解释变量	代码	取值范围	赋值说明
户主特征	性别	X_1	0~1	1=男，0=女
	年龄	X_2	连续变量	
	受教育年限	X_3	连续变量	
家庭特征	家庭规模	X_4	连续变量	
	林下经济收入占家庭收入的比例	X_5	连续变量	
	是否加入林业专业合作组织	X_6	0~1	1=是，0=否
职工家庭获取信息服务的相关感知	信息渠道是否通畅	X_7	0~1	1=通畅，0=不通畅
	是否存在消息滞后反应不灵敏的情况	X_8	0~1	1=存在，0=不存在
	获取的信息是否收费	X_9	0~1	1=是，0=否
职工家庭获取技术服务的相关感知	对自己生产经营技术水平的评价	X_{10}	0~1	1=好，0=不好
	2013 年向农林技术人员寻求帮助的次数	X_{11}	连续变量	
	对林业科技服务政策的了解程度	X_{12}	0~1	1=了解，0=不了解
职工家庭获取金融服务的相关感知	获取资金的渠道	X_{13}	1~3	1=自有资金，2=向亲戚朋友借款，3=向金融机构借款
	贷款过程是否顺畅	X_{14}	0~1	1=顺畅，0=不顺畅
	贷款手续是否复杂	X_{15}	0~1	1=复杂，0=不复杂

3. 实证分析结果与讨论

运用 SPSS 22.0 统计软件对数据进行 Logistic 回归分析处理。首先将被解释变量 Y_1 和解释变量 X_1~X_9 引入回归方程，对回归系数进行显著性检验，得到职工家庭对已获信息服务满意度的回归模型，称模型一。然后将被解释变量 Y_2 和解释变量 X_1~X_6、X_{10}~X_{12} 引入回归方程，对回归系数进行显著性检验，得到职工家庭对已获技术服务满意度的回归模型，称模型二。最后将被解释变量 Y_3 和解释变量 X_1~X_6、X_{13}~X_{15} 引入回归方程，对回归系数进行显著性检验，得到职工家庭对已获金融服务满意度的回归模型，称模型三。在进行 Logistic 模型回归时，运用向后筛选法处理数据。首先，将所有变量均引入回归方程，进行回归系数的显著性检验；然后，剔除 Wald 值最小的变量，继续进行回归，直到所纳入模型中的变量均显著为止。从运行结果看，模型通过整体检验，拟合效果尚好，具体估计结果见表 7-9~表 7-11。

表 7-9 职工家庭对信息服务满意度的 Logistic 模型的结果

解释变量	β	S.E.	Wald	df	sig.	exp(β)
X_3	1.164	0.52	5.013	1	0.025**	3.204
X_5	−1.647	0.694	5.63	1	0.018**	0.193

续表

解释变量	β	S.E.	Wald	df	sig.	$\exp(\beta)$
X_8	−0.618	0.245	6.363	1	0.006***	0.539
X_7	1.471	0.631	5.436	1	0.020**	4.354
常数	−4.85	0.603	64.691	1	0.389	0.008
预算准确率			71.4%			
最大似然估值			127.619			
调整后的 R^2			0.269			
sig 显著性			0.000			

注：β 表示回归系数；S.E.表示标准误；Wald 表示瓦尔德检验；df 表示自由度；sig.表示显著性；$\exp(\beta)$表示优势比。
表示在 0.05 水平上显著，*表示在 0.01 水平上显著。

表 7-10 职工家庭对技术服务满意度的 Logistic 模型的结果

解释变量	β	S.E.	Wald	df	sig.	$\exp(\beta)$
X_2	2.069	1.689	1.501	1	0.042**	8.000
X_5	−2.022	1.208	2.801	1	0.094*	0.132
X_{12}	0.962	0.540	3.175	1	0.015**	2.618
常数	−0.353	0.556	0.401	1	0.526	0.701
预测准确率			64.6%			
最大似然估值			83.000			
调整后的 R^2			0.125			
sig 显著性			0.003			

*表示在 0.1 水平上显著，**表示在 0.05 水平上显著。

表 7-11 职工家庭对金融服务满意度的 Logistic 模型的结果

解释变量	β	S.E.	Wald	df	sig.	$\exp(\beta)$
X_3	5.222	2.835	3.393	1	0.065*	185.222
X_{14}	2.505	1.404	3.183	1	0.074*	12.246
X_{15}	−3.792	1.849	4.204	1	0.040**	0.023
常数	−6.073	6.314	0.925	1	0.336	0.002
预算准确率			73.0%			
最大似然估值			22.747			
调整后的 R^2			0.616			
sig 显著性			0.000			

*表示在 0.1 水平上显著，**表示在 0.05 水平上显著。

从表 7-9～表 7-11 可以看出，有诸多因素影响职工家庭对已获信息服务、技术服务、金融服务的满意情况。

（1）户主特征变量对满意度的影响。户主年龄对信息服务和金融服务满意度影响不显著，而对技术服务满意度有显著影响，且呈正相关。这说明户主年龄越大，对已获技术服务的满意度越高。而较年轻的户主更勇于尝试与冒险，因此对技术服务的要求更高，对服务满意度相对较低。户主的受教育年限对技术服务的满意度影响不显著，而对信息服务和技术服务的满意度影响显著，且呈正相关，即文化程度越高，对信息服务、金融服务的满意度越高。这可能是户主受教育年限越高，对新信息、新知识的消化能力更好，因此对信息、金融服务的满意度越高。户主的性别对各项服务满意度影响不显著，这可能是因为国有林区职工家庭中户主多以男性为主（96.8%），因此该变量本身没有显著差异，最后导致对整个模型影响不显著。

（2）家庭特征变量对满意度的影响。林下经济收入占家庭收入的比例对金融服务满意情况影响不显著，而对信息服务、技术服务的满意情况影响显著，且呈负相关，即林下经济收入占比越大，对信息服务、技术服务满意度越低。根据调查，林下经济收入占家庭收入的比例越大的职工家庭，对林下经济的依赖度越大，对林下经济生产越重视，对林下经济收入期望值越高，因此对信息服务、技术服务的要求越高。而是否加入林业专业合作组织这一变量对职工家庭的各项满意度影响不显著。一般而言，加入专业合作组织的职工家庭应该会获得更多的社会化服务，对服务的满意度也应该更高。但根据调查，国有林区合作组织较少，93.55%的职工家庭表示未参加专业合作组织，且差异较小，因此影响不显著。

（3）职工家庭获取相关服务感知的特征变量对满意度的影响。信息渠道是否通畅对信息服务满意度影响显著，且呈正相关，即职工家庭信息渠道越是通畅，对信息服务越是容易感到满意。是否存在消息滞后反应不灵敏的情况对信息服务满意度影响显著，且呈负相关，即越是有这样的经历，对信息服务的满意度越低。而获取的信息服务是否收费该变量对信息服务满意度影响不显著，这主要是由于职工家庭所获得信息服务主要是来源于林业局会议通知及亲朋好友的互相转达。据调查，95.7%的职工家庭表示获取信息服务不用付费，因此该变量本身就没有显著差异。职工家庭对林业科技服务政策的了解程度对技术服务满意度有显著影响，且呈正相关，即对林业科技服务政策了解越多，对林业科技的关注度就越高，在接受林业科技服务时就越有较好的基础知识，越容易学到更多的实用技术，因此满意度也越高。贷款过程是否通畅对金融服务满意度影响显著，且呈正相关，即贷款过程越通畅，职工家庭越容易感到满意。贷款手续是否复杂对金融服务满意度影响显著，且呈负相关，即贷款手续越复杂，职工家庭越不容易感到满意。获取资金的渠道对金融服务满意度影响不显著，可能是变量本身差异较小导致的。根据调查，国有林区林下经济生产发展简单粗放且规模较小，职工依靠自有资金便可以开展林下经济生产,即使遇到资金周转困难,思想保守的职工家庭也会选择向亲戚朋友求救,而向金融机构贷款的概率较小。

7.5 国有林区社会化服务体系的设计与完善

7.5.1 国有林区社会化服务体系设计

逐渐完善基于职工家庭需求的社会化服务体系是目前国有林区林下经济发展的客观要求,也是国有林区经济转型中配套服务建设的重要组成部分之一。根据前几章的分析可知,当前国有林区发展林下经济的社会化服务体系尚未建成,迫切需要在整合现有资源的基础上,完善以职工家庭需求为向导,包含政府、合作组织、协会、龙头企业、其他社会力量等多元化服务供给主体的社会化服务体系。结合对国有林区的调研,针对国有林区林下经济发展的实际情况,分析了社会化服务体系构建的原则、构成要素,完善了社会化服务体系基本框架。

1. 社会化服务体系构建的原则

1）坚持系统性原则

系统是由若干个相对独立的元素组成的一个有机整体,其中的各元素之间相互联系、相互制约、相互作用,最终达到可能的系统内部平衡后以发挥其最大的作用。系统的效用不是系统内部各元素效用的简单叠加,而是其效用大于构成系统各元素效用总和。社会化服务体系是由若干子系统组成的一个复杂的系统,各子系统通过相互作用、相互补充,共同完成促进林下经济快速发展的社会化服务体系这一大系统。因此,在进行社会化服务体系框架设计时,既要保证每个子系统尽可能地发挥其最大的效用,又要注重各子系统之间的有机结合,不断调整各子系统之间的关系,优化系统结构,使社会化服务体系的服务效果达到最优。

2）坚持因地制宜原则

各地具体的经济水平、社会发展、文化环境都是影响社会化服务体系建设水平的关键因素,同时当地传统的生产经营方式也会影响社会化服务体系的建设。因此,国有林区在建设发展林下经济的社会化服务体系过程中,应坚持因地制宜的原则,依据林下经济生产的特点以及国有林区的特殊情况,选择以职工家庭需求为导向的服务内容、恰当的服务方式服务,拒绝如出一辙的社会化服务体系构建模式。当然,这并不意味着要闭门造车,相反,应积极借鉴成功的社会化服务体系模式,提炼其成功经验,结合本地的实际不断进行创新,完善适合国有林区发展林下经济的社会化服务体系。

3）坚持职工家庭需求原则

社会化服务体系的服务对象是从事林下经济生产的职工家庭，任何脱离职工家庭设计和构建的社会化服务体系都难以持久发展。因此，社会化服务体系的服务内容应坚持以职工家庭需求为导向，服务任务以解决职工家庭的生产难题为根本，一切坚持以职工家庭需求为基础。

2. 社会化服务体系的构成要素

1）服务主体

社会化服务主体不仅应包括政府和林业局下属的林业服务机构、技术推广部门，还应包括林业专业合作组织、协会，以及龙头企业、科研教育单位、其他社会力量等。

（1）政府。政府及林业局是国有林区发展林下经济的社会化服务体系最主要的供给主体。由于黑龙江国有林区实行的是政企合一的管理体制，因此职工家庭认为林业局是政府的代表（Williamson，1991）。同时，国有林区的基层机构——基层林业局，是社会化服务体系的中坚力量和骨架支撑，为从事林下经济生产的职工家庭提供了诸多服务。

（2）林业科研与推广机构。林业科研与推广机构主要包括政府各级林业科学研究院所、大专本科院校等国家教育事业单位和相关的林业技术推广部门。这些组织研究并向林下经济生产主体推广一些实用技术、经营指导、市场营销方法等服务，为林下经济发展提供技术上的支持。

（3）林业专业合作组织。随着林下经济的发展，职工家庭对多元化、专业化的服务需求意愿更为强烈，原有的政府及林业局所提供的免费服务已不能满足其要求，因此需要建立不同经济成分的服务组织，为林下经济的发展提供高效、优质的服务。这时林业合作组织、专业协会就应运而生了，这些专业合作组织主要是由职工家庭自发组织产生的，如食用菌种植合作组织，林下中草药种植合作组织，梅花鹿、野猪、林蛙、蜜蜂等林下养殖合作组织。这些专业合作组织为组织成员提供一定的补充性服务，提高职工家庭整体的市场竞争能力。

（4）龙头企业。某些以林产品加工与销售为核心的企业通过与从事林下经济生产的职工家庭签订各种供销合同产生合作关系，企业为了自身的利益追求利润最大化，所以企业会向职工家庭提供一些免费或者部分有偿的服务，如生产资料咨询服务、技术服务、贷款担保等服务。该类服务主体提供的服务相对于前面所述服务主体而言更加灵活多变。

2）服务对象

社会化服务体系的建立，主要是为从事林下经济生产活动的职工家庭提供林下经济产前、产中和产后整个环节中所需的各种服务。因此，职工家庭作为林下经济生产的主体,是社会化服务体系中的服务对象,还是社会化服务体系建设中的获益者和参与者。

3)服务内容

发展林下经济的社会化服务体系的服务内容十分广泛,基本涵盖了林下经济生产的全过程。例如,在林下经济生产前提供及时准确的市场价格信息、提供信贷渠道或担保的金融服务、提供优良品种和生产资料的咨询服务等,产中提供农药等相关生产资料的供应、科学种植和养殖技术等服务,产后提供林产品包装、销售、加工等服务。本书中林下经济社会化服务体系服务的内容主要包括:信息服务、技术服务、金融服务、政策与法律服务。

(1)信息服务。根据调查,参与林下经济生产的职工由于本身文化程度不高,以及林区通信基础设施不完备,因此很难从多种渠道获得林下经济生产所必要的信息。根据调查发现,许多职工表示自己获取信息的渠道单一且获取信息的方式落后,信息获取滞后。在不了解市场信息的情况,看到别人家生产什么自己就追风生产什么,因此造成林下经济生产过程中的盲目性以及产品的趋同性,一旦市场稍有变动,职工家庭必然承受一定的经济损失。职工家庭需求的信息主要包括:市场信息,即各种林产品的市场需求、供给、价格情况等;技术信息,即在生产过程中所能用到的各种技术,以及能够提高生产效率、提升产品品质的新技术等;政策法律信息。

(2)技术服务。由于林下种植、养殖品种自身的特殊属性以及林区环境条件的特别,因此对相应种植技术、养殖技术的要求比较高。职工家庭必须在从事林下经济生产过程中精心管护,科学种植、养殖,才能获得较好的收益。虽然职工家庭经过长期的种植、养殖经历,已经积累沉淀了一定经验,但是由于科学技术的快速发展以及病虫害防治、禽畜防疫等的复杂性,职工家庭还需要通过其他渠道获得专业的技术培训、技术指导和服务。这些技术主要包括食用菌、北药、蓝莓等的栽培技术,生态猪、奶牛、林蛙、野猪、蜜蜂等的养殖技术和病虫害防治技术。

(3)金融服务。职工家庭从事的林下经济生产活动大多是以家庭为单位的分散生产经营,缺乏资金致使很多项目不能启动,使得林产品附加值难以提高,林下经济产业结构难以升级。据调查,在遇到资金困难融资的过程中,72.3%的职工家庭表示选择向亲戚朋友借钱,很少的职工家庭会向银行、信用社等金融机构贷款。林业局也认识到发展林下经济对促进职工家庭增收和林区经济发展的重要作用,因此相关政府加大了资金、政策扶持力度,如设立林下经济专项基金,将发展林下经济列入政府工作议程,给予林下种植、养殖大户和林产品生产加工企业以优惠政策,鼓励和引导社会资金流入林下经济,促进林下经济发展。职工家庭所需的金融服务主要包括提供信用(贷款)担保、介绍贷款渠道、组织集体贷款等。

(4)政策与法律服务。在林业产业经营从计划经济逐步向市场经济转变的前提下，政策在这一过渡中发挥着重要的作用。纵观天保工程实施以来林业发展的近15年历程，林业政策在其中发挥了决定性作用。在林下经济社会化服务方面同样如此。因此，政府应该提供利于林下经济发展的政策，如林业投资政策、林产品价格政策、林产品贸易政策、林业税收政策等。同时，从法律环境角度出发，应该加强林业立法，使得林下经济生产的行为有法可依。最后，还应该组织有关机构和工作人员向林下经济生产主体解释与宣传相关政策、法律，从而进一步促进社会化服务体系的发展。

4）服务供给模式

如何使服务供给与需求有效对接，采用何种方式能使服务的传递更加行之有效是目前体系建设与发展中重点考虑与解决的问题。目前农业社会化服务体系和林业社会化服务体系的服务供给模式主要有"政府＋职工家庭""合作社＋职工家庭""龙头企业＋职工家庭""龙头企业＋合作社＋职工家庭""龙头企业＋基地＋职工家庭""龙头企业＋基地＋合作社＋职工家庭"，而结合国有林区林下经济发展的实情，目前适合国有林区发展林下经济的社会化服务供给模式有以下3种。

（1）"政府＋职工家庭"模式。该模式是目前国有林区林下经济社会化服务体系中最常见的服务供给模式。政府无偿地为职工家庭提供相关的信息、技术、金融服务，服务效果较好。但由于政府财力有限、内部缺乏动机机制，加上林区职工家庭较为分散，因此服务效率不高。但由于国有林区的林下经济发展仍处于简单粗放、规模较小的初级阶段，相应的服务组织还未成立或已存在的服务组织服务动力不足，因此该模式目前仍然是国有林区林下经济社会化服务体系建设与完善的基础与保障。

（2）"合作社（协会）＋职工家庭"模式。该模式是以林业专业合作组织为主导，将分散经营的职工家庭组织起来，充分发挥其组织功能与联合优势。一方面，合作社可以为参加"合作社（协会）＋职工家庭"的职工家庭提供多种服务，如技术指导、资金扶持、信息咨询、销售培训等；另一方面，合作社可以代表职工家庭与林下产品收购公司、生产性资料供应商等外部力量进行沟通、谈判与合作，改变职工家庭在市场上的被动地位，增强职工家庭市场竞争能力，实现林下经济的规模发展，进一步推进林下产品生产的专业化、标准化和集约化。目前，国有林区职工家庭分散、林下经济经营规模较小的特点决定了林业专业合作组织是广大职工家庭的最佳选择，林业专业合作组织也必然是国有林区林下经济社会化服务体系的基础。但根据调查，不管从数量还是质量上来看，目前这个基础还不够稳固和扎实，因此政府应给予专业合作组织一定的政策扶持和资金帮助以促进其健康快速发展，专业合作组织自身也应不断加强能力建设，增强自身服务能力，以期充分发挥自身服务功能，承担起自身在林下经济社会化服务体系建设中的重大责任。

(3)"龙头企业+合作社(基地)+职工家庭"模式。该模式是以一些涉林、涉农的龙头企业为主导,以合作社(基地)为中间人,由合作社代表职工家庭与龙头企业进行相关谈判,通过合理的利益联结机制,龙头企业与职工家庭以订单方式签订合同,职工家庭按订单保质保量为企业提供林下经济产品,企业为职工家庭提供一定的信息咨询、技术培训、资金扶持等服务。合作社搭起职工家庭与龙头企业合作的桥梁,既能降低龙头企业与职工家庭的交易成本,又能增加职工家庭的信任感与归属感,降低职工家庭的违约率。同时,龙头企业以市场需求为导向,充分发挥自身在产业集约和组织方面的优势,拓展林下产品产后的加工与流通环节,建立产品加工与流通体系,不断推广运用现代科学技术,既提高了产品的科技含量,又增加了产品的附加值,延伸了林下产业的链条,提高了林下经济生产的综合效益,增加了职工家庭的收入。职工家庭根据加工要求开展林下生产,克服了经营的分散性与盲目性等,参与发展林下经济的热情增强了,从而提高了林下经济经营效率和抵御风险的能力。因此,该模式是国有林区建设发展林下经济的社会化服务体系最理想的模式。

3. 社会化服务体系的基本框架

服务内容、服务供给主体、服务对象、服务模式是社会化服务体系的主要构成元素,按照上述内容,国有林区发展林下经济的社会化服务体系基本框架如图 7-7 所示。图上半部分是服务供给的传递路线,中间为服务的需求者,下半部分是服务效果评价、意见建议反馈、服务需求意愿的传递路线。

根据对职工家庭的调查数据,职工家庭对社会化服务有着较强的需求意愿,同时现阶段的供给主要来自林业局,林业局作为国有林区的管理者,职工家庭对其信任和依赖是不言而喻的,因此,林业局应是整个社会化服务体系建设的主导力量。林业局在切实增加公益性服务供给有效性的基础上,应充分发挥自身的宏观调控职能,通过制定财政扶持政策体系等手段来鼓励引导林业专业合作组织、龙头企业介入体系的建设,再利用职工的信任和依赖引导职工家庭加入各类组织,从而提高职工家庭的组织化程度。

林业专业合作组织作为最能代表职工家庭利益的组织,首先要配合林业局、技术推广部门、金融机构等服务组织完成服务的有效传递;其次要及时替职工家庭反馈其意见建议、传达其需求意愿;最后要加强自身的能力建设,提高服务能力,确保其在社会化服务体系建设中的基础性地位。

龙头企业作为市场上最为活跃的力量,在政府引导下,在与职工家庭建立"利益共享,风险同担"机制的基础上,应充分发挥其经济优势和技术优势,发挥其在社会化服务体系建设中骨干力量的作用。

第 7 章 发展林下经济的社会化服务体系

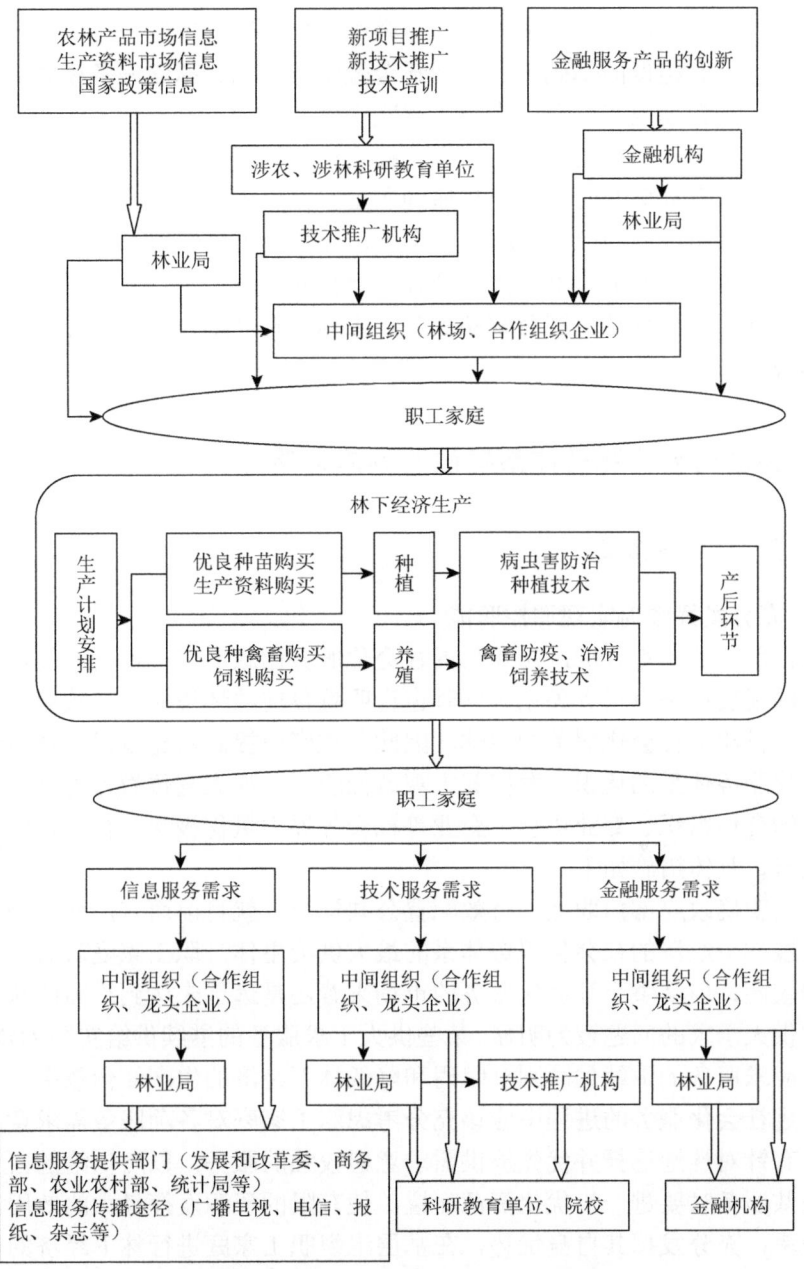

图 7-7 基于职工家庭需求的社会化服务体系基本框架

其他的社会力量，如科研教育单位作为新技术、新品种的发源地，应充分发挥其独特的作用，密切联合技术推广机构与林业局，向职工家庭传播新知识、新技术，同时学习职工家庭的生产技能，了解职工家庭的需求，加以归纳总结，以进一步创新服务的内容、服务方式;金融机构作为职工家庭资金的后备仓库,在政策引导、政府担保的基础上,从创新金融服务产品、探索服务模式、简化贷款手续、延长贷款期限等方面,为职工家庭提供必要的资金支持;信息提供部门及时搜集和发布正规准确的信息,信息传播机构创新信息传递方式,将相关的政策信息、市场信息准确及时有效地传递到职工家庭手中,以引导职工家庭科学地决策,直接或者间接地为社会化服务体系的建设发挥重要作用。

该体系中,各服务供给主体不是独立存在并发挥自身作用的,而是通过诸多的政策引导、行政推动、利益驱动等多种机制,相互配合、相互补充、相互交融在一起的。

7.5.2 完善社会化服务体系建设的具体策略

1. 基于供给者角度

1)充分发挥政府宏观调控职能

根据前文的调查分析,76.00%的社会化服务由政府(林业局)提供,这与国有林区的现实环境有很大关系,同时也说明就目前的环境而言,政府(林业局)还应是提供相关社会化服务的主体。因此,政府应提高对建设促进林下经济发展的社会化服务体系的认识,发挥其宏观调控职能,加大宣传教育力度,鼓励和引导更多的合作组织、专业协会、企业等社会各界力量积极参与社会化服务体系建设与完善,具体措施如下。

(1)明确政府部门职能,有效配置公共资源。就目前而言,林业局作为国有林区发展林下经济的社会化服务体系的最大供给主体,职工家庭对其服务的满意度普遍较高,但从整个社会化服务的市场来看还是远远未达到均衡的状态,供不应求和供大于求的问题较为明显。某些供大于求服务的继续供给实则为资源浪费,而供不应求服务的继续欠缺则会阻碍和降低林下经济的生产经营效率。因此,政府在促进社会化服务的进程中应该充分考虑职工家庭对各项服务需求意愿的强弱程度,有针对性地选择并优先提供需求意愿较强的服务,以防供给的盲目性;在提供公共服务时要进一步优化资源配置,使有限的资源发挥最大的效用,提高服务的效率;充分发挥其自身优势,在基层组织职工家庭进行林下经济的生产与林产品的销售,政府成为连接职工家庭与合作组织、企业的桥梁。

(2)加大宣传培训力度,提高职工家庭对社会化服务体系的认识。根据调查,政府部门以及职工家庭还未认识到社会化服务体系对林下经济发展的重要促进作用。从政府方面来看,一些林业局还未意识到建立促进林下经济发展的社会化服务体系的必要性和重要性。从职工家庭方面来看,往往存在认识不到位甚至见识短浅的现象，对"社会化服务"认识不透彻。因此，政府需要通过各种渠道开展宣传，解读社会化服务相关知识的活动，如通过电视媒体专家讲解、报纸宣传、现场教育培训等活动，让政府及职工家庭切实地了解社会化服务体系对促进林下经济快速发展的作用、建立社会化服务体系的必要性和迫切性、自身在体系建设中应发挥的作用等内容，从而提高政府对建立社会化服务体系的意识，并通过增加财政投入、制定税收优惠政策等激励措施来引导和激励社会各界力量参与社会化服务体系建设项目。同时，还要加强对企业在林下经济社会化服务体系建设方面的宣传，如鼓励引导信息技术企业参与林区信息化建设，让生产资料供应商认识到林区的巨大消费潜力，从而激发他们实施以降价来抢占市场份额的营销策略。

（3）制定完善的财政扶持政策体系，激励和引导多元服务组织介入体系建设。政府由于资金的限制，只能提供道路、电力、通信等基础设施建设的公共服务，而无法满足职工家庭多样化的需求，因此公共服务存在着结构性的短缺。同时由于监督和激励机制不完善，公共服务的效率较低。因此，政府所提供的公共服务在整个国有林区发展林下经济的社会化服务体系中必不可少，但其作用又有限，而林业专业合作组织、龙头企业则可弥补政府的短板，为职工家庭提供针对性较强的专业服务。

林业专业合作组织、专业协会基本上均由从事相关林下经济活动的职工家庭组成，他们对职工家庭的需求较为了解，可以提高服务的针对性，满足分散、小规模生产的职工家庭对相关服务的需求。因此，政府应为其提供相关政策扶持和财政扶持，如税收减免政策、贷款优惠政策，以及加大财政服务力度、安排专项财政资金，为合作组织提供信息和培训等相关服务，鼓励和支持林业专业合作组织、专业协会的发展与壮大，以期其在林下经济社会化服务过程中发挥更大的效用。同时实践表明，各类农业企业在农业社会化服务体系构建与完善的过程中发挥了重要的作用，尤其是许多龙头企业依靠自身的经济实力、专业技能、社会资源，通过各种方式走入农村基层，为广大的农户提供了信息、技术、资金等服务，达到双赢的效果。与此同时，一些企业还大力帮助和扶持了一些农业专业合作组织的发展，以便通过这些合作组织更好地与农户接洽、连接，形成了"龙头企业+合作组织+农户"的服务模式，既降低了自身的交易成本、提高了经营效率，又促进了农户增收致富，也有利于农业合作组织的成长与发展，达到了三赢的效果。因此，政府应加大对国有林区龙头企业的财政扶持，例如，扶持一些科技含量高、辐射力强的龙头企业，为促进紧密型"龙头企业+合作组织+职工家庭"的组织形式的发展，政府可以对与职工家庭结成紧密合作关系的龙头企业实行贷款倾斜政策，以增加其投资。需要强调的是，由于企业与职工家庭是两个不同的利益主体，在实际的运作过程中，可能会出现利益冲突的现象，在这种情况下，政府需要通过制定一些法律法规政策来规范约束双方的行为,保护职工家庭与企业的利益,以实现双赢。同时,也要确保其行政干预的范围、力度的适当,决不能替代专业合作组织和企业进行管理与决策,以免合作组织和企业等产生抗拒和逆反心理。

2)不断提高合作组织服务能力

实践表明,农户在保持财产、经营独立的前提下,联合组成的自助团体——农民合作经济组织,在集体购买生产性资料、销售农产品等交易环节上联合,降低了交易成本,实现了产前和产后的规模经济。同时,农民合作组织在农业生产的过程中通过多种多样的服务方式,为农户提供信息、技术指导、销售等服务,有效地促进了农户与市场的对接,在农业社会化服务体系建设中发挥了巨大作用。因此,林业专业合作组织也必将是国有林区发展林下经济的社会化服务体系建设中的中流砥柱。

调查发现,国有林区林业专业合作组织作为一种新型的合作经济组织,尚处于初级起步阶段,其运行机制还不够完善,典型引导和示范带头作用还不够明显,因此林业合作组织首先要制定科学的管理制度、有效的监督和约束机制、规范的利益分配机制,以保障合作组织的可持续发展。其次,要加强自身建设,通过加大宣传力度,利用电视、广播、报纸等各种媒体宣传自己,增强职工家庭对专业合作组织的认识,激发职工家庭加入专业合作组织的热情,实现适度的规模经营。然后,要加大对社员的培训力度。例如,邀请林下经济生产能人、专家等定期对农户进行技术、销售等内容的培训;通过与科研院校联合开展技术研发、试验、示范和推广等活动,为农户提供最新的种植养殖技术,为科研院校提供科技转化成果的平台,增强自身为农户专业服务的能力。再次,合作组织要与生产资料供应商、龙头企业合作,争取赢得社会各界力量的资金、技术、社会资源等支持,从而提升自己的综合服务能力。最后,专业合作组织之间要注重合作,整合优势资源,进一步挖掘自身潜力,增强自我服务实力。例如,让有与科研院校联合的合作组织和未与科研院校联合的合作组织相互合作,共同利用科研院校为双方农户提供技术指导、营销培训等服务。

3)龙头企业树立参与体系建设的意识

社会化服务体系建设是一项系统工程,涉及的内容十分广泛,在市场经济条件下,不同服务内容的运行机制是不同的。实践证明,龙头企业作为主要的市场经济主体,其在农业社会化服务体系中发挥的重要作用已被广泛认可。

作为国有林区经济发展中不可缺少的"细胞"——企业,其在林区发展、林下经济发展中也是责无旁贷的。因此,龙头企业应增强其自身的社会责任感,树立起参与林下经济社会化服务体系建设的意识,贡献自己的一份力量。首先,龙头企业要树立"职工企业双赢"的思想,树立"职工兴、基地兴、企业兴"的经营理念，提高其参与林下经济生产经营的积极性，帮助职工家庭有效解决林下经济生产经营中面临的诸多问题，带动广大职工家庭增收致富。其次，龙头企业要积极延长产业链条，加快科技创新步伐，从而提高产品技术含量，增加产品附加值，提升企业的社会地位，这样既利于促进职工家庭增收致富，自身又取得了显著的经济、社会效益。最后，龙头企业应进一步在政府的引导下，创新与职工家庭、林业专业合作组织之间的利益联结机制，与职工家庭建立长期的合作关系。

4）科研院校积极开展林区科技服务

总结国外成功经验可以看出，农业科研院校在农村科技服务中发挥着巨大作用，是农业社会化服务体系中不可或缺的重要力量。2004～2013 年的 10 个中央一号文件都特别强调要发挥科研院所、高校在农技推广服务中的作用。然而根据调查，在国有林区，科研教育单位则几乎不提供给职工家庭任何的服务，"重理论研究，轻实际应用；重成果发表，轻成果转化；重学术标准，轻实际价值"的情况在一些科研院校还较为普遍，科研院校的科研成果与职工家庭的真实需求严重脱节，科技资源浪费现象较为严重。因此，农林院校要认识到自身在技术推广服务中的重要地位，结合深化科技和教育体制改革，改革人才评价体系，将参与农村、林区科技服务作为一项重要的考核指标，以引导科研教育人员参与或开展面向基层的科技服务。例如，让由科研教育单位人员和基层技术推广人员组成的服务小组直接与林下经济种植养殖大户、专业合作组织、示范基地对接，开展产业项目规划、技术服务、技术培训、市场营销培训等活动，这样既可以将科研技术成果转化推广，又可以促进林区职工家庭增收致富；既解决了科研与需求脱节的问题，又提高了国有林区林下经济社会化服务的整体素质和水平。

5）金融机构积极开展林区金融服务

调查发现，职工家庭收入水平较低、风险承担能力较弱，加上林下经济生产本身的弱质特性，职工家庭在从事林下经济生产活动过程中存在着自有资金有限、贷款难的问题。缺乏启动资金致使很多项目不能启动，使得林下资源得不到充分利用，也导致很多项目不能"做大规模、延长链条"。而国有林区林下经济的发展切合生态环境改善、林业产业优化、林业结构调整、林业科技推广、绿色有机无公害农林产品生产、社会主义新农村建设等活动，同时随着生态环境的恶化，人们对食品健康关注度越来越高，林下生态无公害产品获得了越来越多消费者的青睐，国内外市场对林下产品的需求也与日俱增。国有林区自身的区位优势、自然资源优势、劳动力资源优势、气候优势、生态循环经济优势为林下经济的发展奠定了雄厚的基础，因此国有林区林下经济具有巨大的发展潜力和广阔的发展前景（黄博琛，2014）。金融机构应该认识到林下经济发展的潜力与前景，结合职工家庭和国有林区发展林下经济社会化服务的实际需求，丰富金融服务产品，创新服务模式,增加服务对象,拓宽服务领域,提高服务水平。例如,针对职工家庭缺乏贷款抵押的情况,探索根据订单去发放贷款,或者由专业合作组织、林业局提供贷款信用担保;针对新项目、新产品的开发风险,金融、保险机构与政府有关部门及科研教育单位合作探索开展相关的保险服务等。

2. 基于需求者角度

1)加强职工家庭自身能力建设

农户的自身禀赋对各项社会化服务的需求意愿及采用效果均有很大的影响(程云行等,2012)。以技术服务为例,职工的自身素质对某项新技术的采纳与实施效果也有很大影响,职工素质越高,对技术使用的信心越高,采纳技术的可能性越大,技术使用的效果越好。因此,加强职工家庭能力建设是提高职工家庭从事林下经济生产经营技术的关键。以此类推,要消除职工家庭对接受各项服务的淡薄意识,提高服务效果,加强职工自身能力建设是关键,甚至是基础。而职工自身能力主要由其文化程度和平时经验积累所决定,这两者都是无法改变的。现阶段,接受再教育和培训是提高职工能力最为有效的途径。职工家庭应通过各种方式来提高自身文化素质,做有文化、有知识、懂生产、会经营的生产者。同时,种植养殖大户在从事林下经济生产过程中要起到一种"核"的作用,通过其对新产品、新技术的成功引进和示范,将职工家庭从单纯的林下经济生产变为参与服务的兼业户。

2)提高职工家庭对有偿服务的支付意愿

职工家庭对有偿服务的低支付意愿降低了各社会化服务组织的供给热情,限制了多元的社会化服务市场的建设。因此,在保证政府公益性服务供给的前提下,通过教育培训的方式改变职工家庭传统的思想观念,逐渐树立"谁受益、谁支付"的有偿服务观念以吸引和激励更多的市场主体或者社会化服务组织提供更全面、更专业的高质量服务。

7.6 本章小结

本章利用实地调查数据,分析了目前国有林区社会化服务体系建设现况、职工家庭对各项社会化服务的需求意愿、在从事林下经济生产活动中面临的问题及对所获社会化服务的满意情况,通过建立 Logistic 模型分析了影响职工家庭对已获社会化服务满意度的因素。结合国有林区的实际情况,构建出以职工家庭需求为导向,适合国有林区实情的社会化服务体系,并提出了相应的对策建议。总的来看,本章得出以下结论。

(1) 调查发现职工家庭对信息服务、技术服务、金融服务等表现出很强的需求意愿。

(2) 调查发现林业局是国有林区社会化服务最主要的服务供给主体，职工家庭对其提供的服务持比较满意的态度。同时，还发现目前国有林区发展林下经济的社会化服务体系存在着服务供给主体单一、服务动力不足、体系覆盖区域有限、体系建设资金有限、体系建设宣传力度不够等问题，而完善的国有林区发展林下经济的社会化服务体系还未建设起来。

(3) 通过建立 Logistic 回归模型分析了影响职工家庭对已获社会化服务满意度的因素。结果表明，户主的年龄、受教育年限、林下经济收入占家庭收入的比例，以及职工家庭在获取服务时的相关感知都会影响其对已获社会化服务的满意度。

(4) 为完善国有林区的社会化服务体系，提出了一系列具体策略。从供给者的角度出发，政府应充分发挥其宏观调控职能，林业专业合作组织应不断提高其服务能力，龙头企业应树立参与体系建设的意识，科研院校应积极开展林区科技服务，金融机构应积极开展林区金融服务；从需求者的角度出发，职工家庭应加强自身能力建设，以提高服务效果；职工家庭应提高对有偿服务的支付意愿，以吸引更多的服务供给主体。

第 8 章 主要结论及政策建议

自二期天保工程实施以来,大小兴安岭林区就已经着力引导职工家庭发展以林下种植、养殖、采集为主要内容的林下经济,并积极开展招商引资引进龙头企业带动职工发展。林下经济已然成为森工林区经济转型最主要的依托。但是,调研发现,目前森工林区所发展的林下经济,对职工家庭增收的作用仅在于维持基本生活而达不到致富,以林下产品加工企业为龙头的上下游产业链没有形成。2016 年 4 月,东北林业大学组成调研组赴黑龙江省森工总局下辖的方正、清河、柴河和苇河等 4 个森工林业局就林下经济的基本情况、发展中面临的困难和问题进行了调研。调研的形式包括与林业局管理干部、林下种植户和养殖户、林下产品加工企业等各层次的座谈,调研的主要结论和政策建议如下。

8.1 主 要 结 论

(1) 林下经济收入有效促进职工家庭增收。

黑龙江省国有林区职工家庭的林下经济收入超过工资性收入,为改善职工家庭生计做出重要贡献。职工家庭收入包括工资性收入、家庭经营收入、财产性收入以及转移性收入四个部分。林下经济收入属于家庭经营收入。黑龙江省森林林区职工家庭的人均总收入为 16822.27 元,其中林下经济收入为 7832.65 元/人,占职工家庭人均收入的 46.56%。而职工家庭的人均工资性收入为 7216.13 元,占职工家庭人均收入的 42.9%。职工家庭的林下经济收入超过工资性收入,黑龙江省森工林区发展林下经济既促进了国有林区经济转型,又显著改善了林区民生状况,推动国有林区职工家庭生计水平逐步提升。

(2) 职工发展林下经济缺乏资金,贷款渠道不通畅。

职工发展林下经济缺乏启动资金,发展之初就受到限制,规模一直无法做大做强。以林下种植木耳为例,对于一个 3 口之家,每年的生活费用在 4 万元左右,而每个家庭木耳种植的基本规模在 4 万~5 万袋,其利润也基本维持在 4 万元左右,难以形成资本积累。

森工林区的金融服务体系不完善,职工家庭目前只能通过农村信用合作社的农户联保贷款这一唯一的渠道获得发展林下经济所需资金。而对于农民,还可以用承包地经营权抵押贷款。农户联保贷款的最高额度是 5 万元,而土地承包经营权抵押贷款的额度多为 15 万~60 万元。

（3）林下种植木耳受原材料的限制越来越突出。

受停伐的影响，种植木耳所需锯末（木屑）减少，直接影响了木耳的产量。以苇河林业局为例，2012~2014年，每年的木耳产量为2亿袋，2015年的产量则下降到1.4亿袋，降幅为35%。由于以前对锯末（木屑）的积累，种植木耳的原材料还能维持2~3年。而在木腐菌种掺加草腐菌的比例最多能达到25%，否则木耳的品质将下降。从国外进口的锯末（木屑），仅适用于距离口岸近的林业局，否则运输成本太大。

（4）市场服务体系不完善。

由于森工林区域内及周边缺少龙头企业，缺少交易市场，林下经济产品的价格往往受控于人，各林业局普遍反映林下经济产品"卖不上价"，这主要是由于定价权落在了上门收购的商贩手里。这对发展林下经济的职工家庭往往造成伤害。

另外，林下经济产品加工储藏运销信息链缺失或滞后，缺少规范化的网上交易平台，使得林下经济生产经常处于起落不稳的状态，"互联网+"的作用也不明显，市场应变能力差。

（5）享受不到与农业平等的扶持政策。

在森工林区发展林下经济，职工以及引资的企业都不能享受适用于农民和农村的各类扶持政策。首先，林业职工和农民同样发展林下经济，但是补贴政策却有非常明显的差别。例如，同样是种植林下中草药，农民可以获得补贴［国家林业局印发的《关于做好林下经济草本中药材种植补贴试点工作的通知》（林改综〔2013〕47号）］，而林区职工却没有。再如，根据《尚志市2016年新建浆果基地补贴实施方案》（尚政办发〔2016〕8号），农民种植树莓、蓝靛果和蓝莓，达到一定规模的享受每亩750~1000元的补贴，而对于同处于尚志市域内的苇河林业局的职工来说，则无补贴。此外，林区职工发展林下养猪，也不能享受农民的能繁母猪饲养补贴。其次，森工林区域内的林下产品加工企业也不能享受到国家扶持农业产业化龙头企业在资金投入、所得税减免、建设标准化生产基地等方面的优惠政策。《国家农业综合开发林业生态示范和名优经济林等示范项目管理实施细则》（林规发〔2012〕245号）中指出，名优经济林等示范项目主要包括木本油料、木本粮食、木本药材、林下经济、竹产业、干鲜果品和苗木花卉等内容。但是，森工林区域内的林下产品加工企业则无法申请此类项目并获得优惠政策。由于在优惠扶持政策上与农业和农村相比差别巨大，森工林区龙头企业少，林下经济生产的产业链没有形成，森林食品加工的附加值没有真正开发出来。

（6）发展林下经济所需建设用地无法获得审批。

森工林区发展林下经济所涉及的土地问题有两个：其一是发展林下养殖需要建设圈舍，但由于土地性质属于林业用地而不能得到审批；其二是林业局的土地以林业用地为主,其建设用地目前已经基本饱和,林业局招商引资来的企业无法获得建设用地审批,这也严重制约着林下经济产业链的形成。

8.2 政策建议

(1) 出台针对林下种植户和养殖户的各项补贴政策。

第一,协调国家林业和草原局,将林下经济草本中药材种植补贴试点扩大到森工林区。

第二,出台林下种植浆果补贴试点政策,在有一定的浆果种植基础并已形成一定规模的林业局先行试点。对零散基地和标准化基地给予不同标准的补贴。

第三,涉及林下经济生产经营活动需要购买的采摘、播种、耕作等机械,需要同样给予农机购置补贴。

第四,协调国家林业和草原局、农业农村部,对森工林区发展林下养殖给予国家在农村已经落实了的各类畜牧养殖补贴,可先行落实规模化养猪、能繁母猪保险、畜牧标准化规模养殖、种质资源保护和良种繁育等项补贴政策。

(2) 试行林下资源承包经营权抵押贷款,完善针对林下种植户和养殖户的金融扶持政策。

目前,森工林区职工只能通过农村信用合作社的农户联保贷款这一唯一的渠道获得发展林下经济所需资金,农民的承包地经营权抵押贷款不适用于森工林区。建议协调国家林业和草原局,推动林地所有权与林下资源经营权分离。重点国有林区作为生态功能区,不可能将所有国有林地都实行林地所有权与林下资源经营权相分离的林权改革,可以在近山区和林缘空地试点实行此类"林权"改革,并确保林下资源承包经营权可用于抵押贷款。

(3) 推动林下经济产业化发展的基地和园区建设。

第一,力争实现林下经济种植户和养殖户进基地、林下经济产品加工企业进园区。为此,做好对基地和园区的合理规划布局。规划布局时要考虑以下几点:①突出各林业局林下种植业和养殖业的特色,齐头并进不可取。②与地方上已形成的园区一起通盘考虑,重复建设不可取。③与已经建成的木材产品加工园区一起考虑。

第二,加大相关基础设施的投入力度。对林下种植基地、养殖基地和林下产品加工园区的道路、水利、通信、电力等基础设施给予资金投入,可参照新农村建设的政策给予林区资金安排。

第三,省发展和改革委员会、工业和信息化厅、农业开发办公室等政府部门应像支持农业发展一样,设立扶持林下经济发展的专项资金。

第四,参照《国务院关于支持农业产业化龙头企业发展的意见》(国发〔2012〕10号),支持林下经济产业化龙头企业发展,特别对林下经济龙头企业带动职工与专业合作社进行产地林下产品初加工的设施建设和设备购置给予扶持。将国家有关农产品初加工企业所得税优惠政策同样落实给林下产品加工企业。

（4）推进林下经济市场体系的线下和线上建设。

第一，整合各林业局力量，集中建立几个有特色的、有辐射性的林下产品专业市场。也应与地方上已形成的专业批发市场一起通盘考虑，重复建设不可取。

第二，鼓励开展"互联网+林下经济"，建议由省政府出面与互联网公司进行洽谈，争取其对森工林区林下经济产业发展提供资金，扩充融资渠道。

（5）多方筹措解决种植木耳所需的原材料。

第一，从技术上研发木腐菌的草腐化栽培，实现草腐菌、木腐菌并举。但是这种技术仍受草腐菌最大可添加比例的限制，而且容易影响木耳口感品质，进而影响东北森工林区黑木耳在全国消费者心目中的形象。

第二，对于距离口岸近的林业局，可以考虑用进口锯末（木屑）来解决木耳原材料供应短缺的问题。

第三，将森林抚育后的剩余物加工成锯末（木屑）。目前国家林业和草原局在森工林区实施了森林抚育补贴政策，对森林抚育任务给予每亩120元的补贴，但这个标准与当前劳动力价格相比偏低，森林抚育后的剩余物往往被弃置，如果从抚育作业区运出并加工成锯末（木屑），则会抬高木耳的种植成本。经测算，森林抚育剩余物从运输到加工的成本为0.50元/袋左右，建议将森林抚育任务与林下种植木耳生产活动结合起来，对参与或承包森林抚育任务的木耳种植户按照0.50元/袋的标准给予补贴。

（6）解决发展林下经济所需建设用地问题。

对于发展林下养殖需要建设圈舍的用地，建议根据《关于进一步支持设施农业健康发展的通知》（国土资发〔2014〕127号）中有关设施农用地支持政策的规定，将规模化林下养殖所必需的配套设施用地纳入"设施林业用地"范围，并实行备案制管理。对于森工林区林下经济产业龙头企业用地，可向国家林业和草原局申请，探索开展林业用地和建设用地增减挂钩试点，将森工林区撤并的林场及职工宅基地开垦为林业用地，用于和林下加工企业所占用林地"占补平衡"。

参 考 文 献

柏方敏, 2011. 大力发展林下经济充分发挥公益林的经济效益. 林业与生态, 647（8）：7-18.
包庆丰, 王剑, 2010. 林农对林业社会化服务体系需求分析——基于内蒙古巴彦淖尔市林农调查. 林业经济,（5）：88-90.
蔡志坚, 2010. 农村社会化服务：供给与需求. 北京：中国林业出版社.
蔡志坚, 丁胜, 谢煜, 等, 2007. 农民对林业社会化服务的需求及对主要供给主体的认知——以林改后的福建省为例. 林业经济问题,（6）：494-498.
陈波, 李雄光, 李娅, 2013. 云南省林下经济主要发展模式探析——基于对云南省典型案例的调查研究. 林业经济问题, 33（6）：510-518.
陈传波, 2005. 农户风险与脆弱性：一个分析框架及贫困地区的经验. 农业经济问题,（8）：47-50.
陈光金, 2008. 中国农村贫困的程度、特征与影响因素分析. 中国农村经济,（9）：13-25, 34.
陈慧玲, 杨彦伶, 李振芳, 等, 2014. 湖北省林下药材种类及种植模式探析. 湖北林业科技, 43（8）：16-20.
陈柯, 2014. 林下经济发展制约因素分析. 林业经济,（12）：104-109.
陈渭山, 2011. 深化林权改革发展林下经济不断开创林兴民富新局面. 林业经济,（11）：15-21.
程云行, 秦邦凯, 刘恩龙, 2012. 浙江林农林业社会化服务需求的影响因素分析. 农业经济与管理,（5）：70-75.
刁军, 过珍元, 王景才, 等, 2013. 福建省林下经济效益分析. 绿色科技,（11）：225-227.
丁胜, 马天乐, 2003. 江苏省建设林业社会化服务体系的探讨. 林业经济问题,（5）：266-269.
董鸿鹏, 吕杰, 周艳波, 2007. 农户技术选择行为的影响因素分析. 农业经济,（8）：60-61.
董岳, 2009. 中国林业产业化发展问题研究. 泰安：山东农业大学硕士学位论文.
杜德鱼, 2013. 陕西省林下经济发展模式研究. 西北林学院学报, 28（5）：264-268.
方震凡, 丰炳财, 徐高福, 2010. 发展林下产业的探析——以千岛湖区为例. 中国林业经济,（4）：43-46.
冯彩云, 2001. 世界非木材林产品现状、存在问题及其应对政策. 林业科技管理,（2）：56-59.
冯彩云, 2006. 瑞典、日本林业社会化服务体系的比较与借鉴. 林业经济,（12）：70-72.
高柏成, 王玉莲, 刘四围, 等, 2004. 文安县林业社会化服务体系建设初探. 河北林果研究,（19）：24-27.
高钰玲, 2014. 农民专业合作社服务功能：理论与实证研究. 杭州：浙江大学博士学位论文.
顾晓君, 曹黎明, 叶正文, 等, 2008. 林下经济模式研究及其产业发展对策. 上海农业学报,（3）：21-24.
郭宏伟, 江机生, 2011. 林下经济——充满生机和活力的朝阳产业. 林业经济, 230（9）：6-9.
国家林业局农村林业改革发展司, 2013. 全国林下经济实践百例. 北京：中国林业出版社.
韩杏容, 黄易, 夏自谦, 2011. 林下经济建设项目可持续性评价研究——以贵州省桐梓县为例.

林业经济，(4)：85-90.
韩雪，耿玉德，2014. 全面禁伐后东北国有林区职工收入增长问题研究. 学术交流，(11)：135-139.
郝文渊，杨东升，张杰，等，2014. 农牧民可持续生计资本与生计策略关系研究——以西藏林芝地区为例. 干旱区资源与环境，28（10）：37-41.
何焕秋，2011. 突出特色政策扶持打造品牌促进林下经济加速发展. 林业经济，232（11）：16-17.
贺雪涛，2014. 基于系统动力学的黑龙江省国有林区林下经济发展仿真分析. 哈尔滨：东北林业大学硕士学位论文.
侯玉峰，2006. "公司＋牧户"模式对牧民可持续生计的影响. 北京：中国农业大学硕士学位论文.
胡佳，2013. 我国林下经济发展现状及影响因素分析. 长沙：中南林业科技大学硕士学位论文.
胡家浩，2008. 美、德农业社会化服务提供的启示. 开放导报，5（140）：88-91.
黄博琛，2014. 日本农协发展经验和教训对中国农业现代化的启示. 世界农业，(11)：34-37.
黄建伟，2011. 失地农民生计研究现状及其动态分析. 商业研究，(7)：152-154.
黄文丁，王汉杰，1992. 林农复合经营技术. 北京：中国林业出版社.
黄易，2012. 基于可拓学的桐梓县林下经济建设项目可持续性评价. 北京：北京林业大学博士学位论文.
贾治邦，2011. 壮大林下经济实现兴林富民全面推动集体林权制度改革深入发展. 林业经济，(11)：6-10.
姜国清，2012. 安徽省林下经济发展现状及对策——以青阳县为例. 安徽农业科学，40（21）：108-110.
姜雪梅，徐晋涛，2011. 东北内蒙古重点国有林区职工收入变化分析. 林业经济，(1)：25-29.
姜洋，仲维维，王倩，等，2012. 关于我国林下经济作物认证问题的研究——以黑龙江省伊春林菌代表产品黑木耳为例. 林业经济，(4)：93-96.
蒋立，张志涛，宋一青，等，2012. 福建三明市林业社会化服务体系调研报告. 林业经济问题，32（5）：450-457.
揭子平，丁士军，2016. 农户多维贫困测度及反贫困对策研究——基于湖北省恩施市的农户调研数据. 农村经济，(4)：40-44.
井月，朱洪革，2011. 国有森工林区居民的可持续生计——山上住户与山下住户的比较. 林业经济问题，(1)：61-65.
孔凡斌，2008. 集体林业产权制度：变迁、绩效与改革探索. 北京：中国环境科学出版社.
孔凡斌，阮华，廖文梅，2017. 构建新型林业社会化服务体系——文献综述与研究展望. 林业经济问题，(6)：93-99，115.
孔祥智，徐珍源，史冰清，2009. 当前我国农业社会化服务体系的现状、问题和对策研究. 汉江论坛，(5)：13-18.
冷清波，2007. 江西省林业社会化服务需求调查与分析. 江西林业科技，(6)：49-51.
黎洁，李亚莉，邰秀军，等，2009. 可持续生计分析框架下西部贫困退耕山区农户生计状况分析. 中国农村观察，(5)：29-37.
李金海，史亚军，2009. 林下经济理论与实践. 北京：中国林业出版社.
李金海，胡俊，刘松，等，2013. 北京林下经济特征与重点发展趋势研究. 林业经济，(3)：28-30.
李平，随洪光，2008. 三种自主创新能力与技术进步：基于DEA方法的经验分析. 世界经济，(2)：74-83.

李瑞盟, 韦彦, 刘朝霞, 2012. 关于广西发展林下经济的思考. 广西财经学院学报, 2 (25): 21-25.
李树明, 2011. 中国双孢蘑菇生产的经济效率分析. 武汉: 华中农业大学博士学位论文.
李树明, 张俊飚, 徐卫涛, 等, 2010. 林下经济中的食用菌生产效率研究. 林业经济, (10): 110-114.
李小云, 董强, 饶小龙, 等, 2007. 农户脆弱性分析方法及其本土化应用. 中国农村经济, (4): 32-39.
李小云, 张雪梅, 唐丽霞, 2005. 当前中国农村的贫困问题. 中国农业大学学报, 10 (4): 67-74.
李娅, 唐文军, 陈波, 2014. 云南省林下经济发展战略研究——基于 AHP-SWOT 分析. 林业经济, (7): 42-47.
李彧挥, 陈笑男, 祝浩, 等, 2011. 影响林农发展林下经济的因素分析——以湖南省安化县为例. 林业经济, 230 (9): 76-82.
廖灵芝, 李显华, 2012. 林下经济发展的制约因素及对策建议——基于云南省大关县的调查. 中国林业经济, (1): 10-12.
廖文梅, 张广来, 孔凡斌, 2016. 农户林业社会化服务需求特征及其影响因素分析——基于我国 8 省（区）1413 户农户的调查. 林业科学, 52 (11): 48-156.
林文树, 周沫, 吴金卓, 2014. 基于 SWOT-AHP 的黑龙江省林下经济发展战略分析. 森林工程, (4): 172-181.
刘德弟, 沈月琴, 李兰英, 2001. 市场经济下林业社会化服务体系建设研究. 技术经济, (2): 24-26.
刘华民, 王立新, 杨劼, 等, 2012. 气候变化对农牧民生计影响及适应性研究——以鄂尔多斯市乌审旗为例. 资源科学, 34 (2): 248-255.
刘家强, 罗蓉, 石建昌, 2007. 可持续生计视野下的失地农民社会保障制度研究——基于成都市的调查与思考. 人口研究, 31 (4): 27-34.
刘磊, 韩晓天, 2011. 新型农村金融服务体系构建研究. 北京: 中国物资出版社.
刘美丽, 2007. 林下经济模式及综合效益. 林业实用技术, 64 (4): 37-38.
刘新波, 2007. 发展林下经济的几种模式. 林业科技情报, 39 (2): 18-19.
刘振滨, 苏时鹏, 郑逸芳, 等, 2014. 林改后农户林业经营效率的影响因素分析——基于 DEA-Tobit 分析法的实证研究. 资源开发与市场, 30 (12): 1420-1424.
陆康强, 2007. 贫困指数: 构造与再造. 社会学研究, (4): 1-22, 243.
罗金丁, 2011. 集体林权制度改革后发展林下经济探析——以广西田林县为例. 中共桂林市委党校学报, 6 (11): 19-22.
罗元浩, 黄映晖, 张晋京, 等, 2014. 北京林下经济发展现状分析与对策研究. 农学学报, 4 (4): 119-124.
潘慧玲, 2014. 广西黄冕林场林下经济效益分析. 长沙: 中南林业科技大学硕士学位论文.
彭斌, 2014. 集体林改背景下的广西林下经济发展模式研究. 北京: 北京林业大学博士学位论文.
彭斌, 刘俊昌, 2014. 基于 DEA 模型的广西林下经济发展效率研究. 广西民族大学学报（哲学社会科学版）, 36 (1): 168-172.
钱水土, 姚耀军, 2011. 中国农村金融服务体系创新研究. 北京: 中国经济出版社.
乔慧, 2014. 国有林场职工参与发展林下经济行为与意愿的影响因素分析——以鄂尔多斯市造林总场为例. 呼和浩特: 内蒙古农业大学硕士学位论文.

乔永平，聂影，2010. 福建省构建新型林业社会化服务体系的实践与探索——以邵武市林业服务中心为例. 林业资源管理，(6)：7-12.
芮明杰，2005. 产业经济学. 上海：上海财经大学出版社.
单红旭，2012. 参与式理论指导下的林下经济发展研究——以安徽省金寨县 B 村为个案. 武汉：华中师范大学硕士学位论文.
沈月琴，刘德弟，李兰英，2001. 市场经济下林业社会化服务体系建设研究. 技术经济，(2)：24-27.
石丽芳，张春霞，2012. 基于 DEA 方法的农户林地经营效率分析. 林业经济问题，32（3）：226-229.
苏娟，2007. 贵州省退耕还林地区农户生计研究. 北京：北京林业大学硕士学位论文.
苏永伟，陈玉萍，丁士军，2015. 失地农户可持续生计研究新进展. 华中农业大学学报（社会科学版），(6)：79-85.
隋君，荆彦，2009. 林权制度改革后强化服务意识及资源保护对策的研究. 内蒙古林业调查设计，32（2）：59-61.
孙贵艳，王传胜，2017. 退耕还林（草）工程对农户生计的影响研究——以甘肃秦巴山区为例. 林业经济问题，37（5）：54-58.
孙绪民，周森林，2007. 论我国失地农民的可持续生计. 理论探讨，(5)：90-92.
汤志华，刘晓华，2012. 广西发展林下经济的模式、问题与对策. 广西社会科学，(11)：27-30.
唐钧，2003. 城市扶贫与可持续生计. 江苏社会科学，(2)：132-133.
唐要家，谢远祥，2013. 工业电力消费效率省际差异及其影响因素. 区域经济评论，(5)：65-70.
万小军，孔霞，吴雅丽，等，2010. 发展林下经济走可持续"森林重庆"之路——城郊型林下经济初探. 南方农业，(11)：15-17.
王虎，2011. 北京市区域林下经济复合度评估研究. 北京：北京林业大学硕士学位论文.
王虎，夏自谦，冯达，2010. 河北省林下经济产业规划布局研究. 安徽农业科学，38（13）：7041-7043.
王焕良，王月华，谷振宾，2011. 做好林下经济发展这篇大文章——山东省林下经济发展调研报告. 林业经济，(1)：30-35.
王文川，马红莉，2006. 城市化进程中失地农民的可持续生计问题. 理论界，(9)：78-79.
王洋，2010. 新型农业社会化服务体系构建研究. 哈尔滨：东北农业大学博士学位论文.
王云卿，2014. 发展林下经济是生态林业经营的必然趋势. 现代园艺，(1)：170-171.
王照平，2010. 平原区转变林业发展方式的实践探索——濮阳市发展林下经济的成效及启示. 林业经济，(9)：6-8.
王志新，2017. 林下经济内涵界定及其属性分析. 吉林林业科技，(5)：48-49.
韦惠兰，白雪，2019. 退耕还林影响农户生计策略的表现与机制. 生态经济，35（9）：121-127.
韦志扬，程二平，甘立，等，2011. 农民对农业技术偏好与信息需求实证研究. 西南农业学报，(3)：1178-1183.
吴成亮，高叙文，邢红，等，2013. 林下经济发展刍议. 林业经济，(3)：52-56.
吴伟光，黄国卫，沈月琴，2002. 乡村林业社会化综合服务体系及其经济效果分析. 华东森林经理，16（4）：5-6.
吴志文，2011. 林下产业的发展与新经济增长点的培育. 林业经济，(9)：10-16.
杨均华，刘璨，2019. 精准扶贫背景下农户脱贫的决定因素与反贫困策略. 数量经济技术经济研究，(7)：3-21.

杨云彦，赵锋，2009. 可持续生计分析框架下农户生计资本的调查与分析——以南水北调（中线）工程库区为例. 农业经济问题，（3）：58-65.
姚宁，2013. 陕西省公益林林下产业培育机制研究. 杨凌：西北农林科技大学硕士学位论文.
游申权，2014. 核桃栽培与林下经济发展. 现代园艺，（22）：40-41.
于小飞，吴文玉，张东升，等，2010. 林下经济产业现状及发展重点分析. 林产工业，37（4）：57-60.
于秀波，张琛，潘明麒，2006. 退田还湖后替代生计的经济评估研究——以洞庭湖西畔山洲垸为例. 长江流域资源与环境，15（5）：633-637.
余翔华，2007. 江西省林业科技推广体系建设与技术需求. 林业经济，（12）：39-41.
曾华锋，聂影，王瑾，2009. 小规模林地合作经营趋势与国外经验借鉴. 世界林业研究，22（6）：19-24.
臧良震，支玲，齐新民，2011. 天保工程区农户林业生产技术效率的影响因素——以重庆武隆县为例. 北京林业大学学报（社会科学版），10（4）：59-64.
翟明普，2011. 关于林下经济若干问题的思考. 林产工业，38（3）：47-50.
张春丽，佟连军，刘继斌，2008. 湿地退耕还湿与替代生计选择的农民响应研究——以三江自然保护区为例. 自然资源学报，23（4）：569-573.
张大维，2011. 生计资本视角下连片特困区的现状与治理——以集中连片特困地区武陵山区为对象. 华中师范大学学报（人文社会科学版），（4）：16-23.
张东升，于小飞，2011. 基于生态经济学的林下经济探究. 林业产业，33（3）：50-52.
张寒，常兴，姚顺波，2016. 基于双差分法的退耕还林工程对农户生计资本影响评价——以宁夏为例. 林业经济，38（12）：16-20.
张蕾，陈玉忠，齐联，等，2011. 林下经济是全面深化林改的新活力——陕西省宁陕、蓝田两县调研报告. 林业经济，（3）：17-20.
张丽萍，张镱锂，阎建忠，等，2008. 青藏高原东部山地农牧区生计与耕地利用模式. 地理学报，63（4）：377-385.
张梅，李慧，2006. 国外社会化服务体系对我国的启示. 中国科技信息，（20）：171-172.
张琦，冯丹萌，2016. 我国减贫实践探索及其理论创新：1978—2016年. 改革，（4）：27-42.
张维祥，张碧，黄睿，等，2011. 大邑县林下经济调查及发展建议. 四川林业科技，32（6）：106-109.
张伟，郭金龙，张许颖，2006. 我国寿险公司规模效率与内含价值的实证分析. 财贸经济，（3）：41-46.
赵雪雁，李巍，杨培涛，等，2011. 生计资本对甘南高原农牧民生计活动的影响. 中国人口·资源与环境，21（4）：111-118.
郑红维，吕月河，张亮，等，2011. 基层农业技术推广体系构建及运行机制研究——基于河北省640个农户的调查分析. 中国科技论坛，（5）：125-132.
中国林业产业重大问题调研组，2011. 2010年中国林业产业重大问题调查研究报告. 北京：中国林业出版社.
中国社会科学院社会政策研究中心课题组，2005. 失地农民"生计可持续"对策. 科学咨询（决策管理），（4）：16-19.
钟艳，谷梅，2005. 林业社会化服务体系的问题与对策探讨. 绿色中国，（8）：47-48.
朱海强，刘晓华，2013. 广西林业社会化服务体系研究. 广西社会科学，（7）：22-24.

朱洪革，2009. 国有林权制度改革后承包户投资行为及其影响因素分析. 林业科学，45（4）：117-123.

朱洪革，李海玲，石小亮，2014a. 山上山下职工家庭收入特征及影响因素分析——基于黑龙江省重点国有林区的调查数据. 林业经济，(5)：20-25.

朱洪革，白雪，李海玲，等，2014b. 大小兴安岭林区职工住户发展林下经济的调查与思考. 林业经济，(9)：26-31.

朱培林，房海灵，2014. 中国林下经济发展现状与对策. 江西林业科技，(6)：35-39.

朱雄峰，2014. 广西林下经济发展与绩效评价. 桂林：广西师范大学硕士学位论文.

朱秀变，崔志坤，2005. 城市化进程中失地农民可持续生计问题. 合作经济与科技，(12)：42-43.

Aiyeloja A A，Ajewole O I，2006. Non-timber forest products' marketing in Nigeria: a case study of Osun state. Educational Research & Reviews，1（2）：52-58.

Albers H J，Robinson E J Z，2013. A review of the spatial economics of non-timber forest product extraction: implications for policy. Ecological Economics，92：87-95.

Anderson S，2003. Analysis animal genetic resources and sustainable livelihoods. Ecological Economics，45（3）：331-339.

Anne W，Dam V B，2000. Different ways of financing agricultural extension. Agricultural Research and Extension Network，106：8-19.

Aplet G H，1993. Defining Sustainable Forestry. Washington D C：Island Press.

Apple D D，1996. Changing social and legal forces affecting the management of national forests. Women in Natural Resources，18（1）：4-10.

Babalola F D，2009. Prospects and challenges of production and marketing of non-timber forest products (NTFPs) by rural farmers in southwest Nigeria. Academic Journal of Plant Science，2（4）：222-230.

Banful B，Dzietror A，Ofori I，et al，2000. Yield of plantain alley cropped with Leucaena leucocephala and Flemingia macrophylla in Kumasi，Ghana. Agroforestry Systems，49（2）：189-199.

Bebbington A，1999. Capitals and capabilities: a framework for analyzing peasant viability，rural livelihoods and poverty. World Development，27（12）：2021-2044.

Belcher B，Ruíz-Pérez M，Achdiawan R，2005. Global patterns and trends in the use and management of commercial NTFPs: implications for livelihoods and conservation. World Development，33（9）：1435-1452.

Brown G G，Harris C C，1992. The forest service: changing of the guard. Natural Resources Journal，32（3）：449-466.

Chai J C H，Chai B K. 1994. Economic reforms and inequality in China. CAPS Working Papers Series no.9. Lingnan University. http://commons.ln.edu.hk/capswp/83.

Chambers R，Conway G，1992. Sustainable rural livelihoods: practical concepts for the 21st century. Institute of Development Studies (UK).

Chukwuone N A，Okeke C A，2012. Can non-wood forest products be used in promoting household food security? Evidence from savannah and rain forest regions of Southern Nigeria. Forest Policy and Economics，25：1-9.

Clason A J，Lindgren P M，Sullivan T P，2008. Comparison of potential non-timber forest products in intensively managed young stands and mature/old-growth forests in south-central British Columbia. Forest Ecology and Management, 256 (11): 1897-1909.

Coelli T, 1998. A multi-stage methodology for the solution of orientated DEA models. Operations Research Letters, 23 (3-5): 143-149.

Dravnieks D, 1997. Changing social and legal forces affecting the management of national forests. Forest Service. https://agris.fao.org/agris-search/search.do?recordID=US201300100738.

Ellis F, 2000. Rural Livelihoods and Diversity in Development Counuries. New York: Oxford University Press.

Everson C S, Everson T M, Niekerk W V, 2009. Soil water competition in a temperate hedgerow agroforestry system in South Africa. Agroforestry Systems, 75 (3): 211-221.

Fujisawa H, 2004. The forest planning system in relation to the forest resource and forestry policies. Journal of Forest Research, 9 (1): 1-5.

Glavovic B C, Boonzaier S, 2007. Confronting coastal poverty: building sustainable coastal livelihoods in South Africa. Ocean & Coastal Management, 50 (1-2): 1-23.

Gnankambary Z, Bayala J, Malmer A, et al, 2008. Decomposition and nutrient release from mixed plant litters of contrasting quality in an agroforestry parkland in the south-Sudanese zone of West Africa. Nutrient Cycling in Agroecosystems, 82 (1): 1-13.

Guariguata M R, Cronkleton P, Shanley P, et al, 2008. The compatibility of timber and non-timber forest product extraction and management. Forest Ecology and Management, 256 (7): 1477-1481.

Heubach K, Wittig R, Nuppenau E A, et al, 2011. The economic importance of non-timber forest products (NTFPs) for livelihood maintenance of rural west African communities: a case study from northern Benin. Ecological Economics, 70 (11): 1991-2001.

Janse G, Ottitsch A, 2005. Factors influencing the role of non-wood forest products and services. Forest Policy and Economics, 7 (3): 309-319.

Jose S, Gillespie A R, Pallardy S G, 2004. Interspecific interactions in temperate agroforestry. Agroforestry Systems, 61 (1): 237-255.

Kar S P, Jacobson M G, 2012. NTFP income contribution to household economy and related socio-economic factors: lessons from Bangladesh. Forest Policy and Economics, 14 (1): 136-142.

Kilchling P, Hansmann R, Seeland K, 2009. Demand for non-timber forest products: surveys of urban consumers and sellers in Switzerland. Forest Policy and Economics, 11 (4): 294-300.

Mahapatra A, Mitchell C P, 1997. Sustainable development of non-timber forest products: implication for forest management in India. Forest Ecology and Management, 94 (1-3): 15-29.

Mendes A M S C, 2006. Implementation analysis of forest programmes: some theoretical notes and an example. Forest Policy and Economics, 8 (5): 512-528.

Molua E L, 2003. The economics of tropical agroforestry systems: the case of agroforestry farms in Cameroon. Forest Policy and Economics, 7 (2): 199-211.

Moreno G, Obrador J J, García A, 2007. Impact of evergreen oaks on soil fertility and crop production in intercropped dehesas. Agriculture Ecosystems and Environment, 119 (3): 270-280.

Mujawamariya G, Karimov A A, 2014. Importance of socio-economic factors in the collection of NTFPs: the case of gum arabic in Kenya. Forest Policy and Economics, 425: 24-29.

Muler A E, Rother D C, Brancalion P S, et al, 2014. Can overharvesting of a non-timber-forest-product change the regeneration dynamics of a tropical rainforest? The case study of Euterpe edulis. Forest Ecology and Management, 324 (7): 117-125.

Neupane R P, Sharma K R, Thapa G B, 2002. Adoption of agroforestry in the hills of Nepal: a logistic regression analysis. Agricultural Systems, 72 (3): 177-196.

Newton A C, Marshall E, Schreckenberg K, et al, 2006. Use of a Bayesian belief network to predict the impacts of commercializing non-timber forest products on livelihoods. Ecology & Society, 11 (2): 3213-3217.

Noordwijk M V, Lusiana B, 1998. WaNuLCAS, a model of water, nutrient and light capture in agroforestry systems. Agroforestry Systems, 43 (1-3): 217-242.

Odhiambo H O, Ong C K, Deans J D, et al, 2001. Roots, soil water and crop yield: tree crop interactions in a semi-arid agroforestry system in Kenya. Plant and Soil, 235 (2): 221-233.

Oke D O, Odebiyi K A, 2007. Traditional cocoa-based agroforestry and forest species conservation in ondo state Nigeria. Agriculture, Ecosystems and Environment, 122 (3): 305-311.

Peterson C E, Monserud R A, 2002. Compatibility between wood production and other values and uses on forested lands: a problem analysis. General Technical Report, Pacific Northwest Research Station, USDA Forest Service.

Rasul G, Thapa G B, 2006. A financial and economic suitability of agroforestry as an alternative to shifting cultivation: the case of the Chittagong hill tracts, Bangladesh. Agricultural Systems, 91 (2): 29-50.

Rentz R P, 1997. Acquiring and managing financial resources, improving agricultural extension: a reference mamual. Rome: FAO.

Rivera W M, 1996. Agricultural extension in transition worldwide: structural, financial and managerial strategies for improving agricultural extension. Public Administration and Development, 16 (2): 151-161.

Saha D, Sundriyal R C, 2012. Utilization of non-timber forest products in humid tropics: implications for management and livelihood. Forest Policy and Economics, 14: 28-40.

Schoeneberger M M, 2009. Agroforestry: working trees for sequestering carbon on agricultural lands. Agroforestry Systems, 75 (1): 27-37.

Scoones I, 1998. Sustainable Rural Livelihoods: a Framework for Analysis. IDS Working Paper, 72. Brighton: IDS.

Sen A, 1998. Sustainable Livelihoods Approaches: Progress and Possibilities for Change. London: Department for International Development.

Shackleton C M, Ashok K P, 2014. Pandey positioning non-timber forest products on the development agenda. Forest Policy and Economics, 38 (1): 1-7.

Sood K K, Mitchell C P, 2011. Household level domestic fuel consumption and forest resource in relation to agroforestry adoption: evidence against need-based approach. Biomass and Bioenergy, 35 (1): 337-345.

Steele M Z, Shackleton C M, Shaanker R U, et al, 2015. The influence of livelihood dependency, local ecological knowledge and market proximity on the ecological impacts of harvesting non-timber forest products. Forest Policy and Economics, 50 (1): 285-291.

Stigter C J, Mohammed A E, Al-amin N K N, et al, 2002. Agroforestry solutions to some African wind problems. Journal of Wind Engineering and Industrial Aerodynamics, 90 (10): 1101-1114.

Thangata P H, Alavalapati J R R, 2003. Agroforestry adoption in southern Malawi: the case of mixed intercropping of Gliricidia sepium and maize. Agricultural Systems, 78 (1): 57-71.

Thangata P H, Alavalapati J R, 2005. The economics of tropical agroforestry systems: the case of agroforestry farms in Cameroon. Forest Policy and Economics, 7 (2): 199-211.

Tieguhong J C, Grouwels S, Ndoye O, et al, 2012. Financial status of small and medium scale enterprises based on non-wood forest products(NWFP) in Central Africa. Forest Policyand Economics, 20: 112-119.

Wallace I, 2007. A framework for revitalisation of rural education and training systems in sub-Saharan Africa: strengthening the human resource base for food security and sustainable livelihoods. International Journal of Educational Development, 27 (5): 581-590.

Williamson O E, 1991. Comparative economic organization: the analysis of discrete structural alternatives. Administrative Science Quarterly, 36 (6): 269-96.

Xue H, 2006. Assessing the role of risk in the agro-pastoral systems of Northwest Yunnan Province, China. Vancouver: Simon Fraser University.